Courtship
after Marriage

COURTSHIP AFTER MARRIAGE

ⓒ 1990 Zig Ziglar

Courtship
after Marriage

연애하는 부부

+++++

지그 지글러 지음 · 조동춘 옮김

큰나무

저자 서문

　　　　　　　　몇 년 전, 비행기에서 한 남자를 만났다. 그 사람은 결혼반지를 오른손 집게손가락에 끼고 있었다. 도저히 그냥 넘길 수 없어 한마디 물었다.

"결혼반지를 맞지 않는 손가락에 끼셨군요."

"네, 이것처럼 저는 맞지 않는 여자와 결혼했거든요."

실제로 그가 잘 맞는 여자와 결혼했는지 그렇지 않은지 나로선 알 수가 없다. 그러나 다른 한 가지는 알고 있다.

그는 성공적인 결혼 생활에 대해 잘못 생각하고 있다는 점이다.

자신과 안 맞는 사람과 결혼했다고 느낄 수 있다. 그렇지만 생각을 전환해 상대를 잘 맞는 사람으로 대우하면 결국 나와 가장 잘 맞는 사람이 된다. 반면 잘 맞는 사람과 결혼해도 제대로 대우하지 않으면 불행해진다.

자신과 잘 맞는 사람을 찾기보다 상대에게 어떻게 맞추느냐가 중요하다. 나와 잘 맞는 사람과 행복하게 살지 반대로 일생 불행할지는 전적으로 자신에게 달려 있다.

결혼 초에는 누구나 행복하다. 나를 사랑해주고 이해해 주고 진정한 조언자이자 후원자가 되어주는 사람이 곁에 있어 안정적인 생활을 찾아간다. 그렇게 세월이 흘러서도 배우자가 육체적 혹은 정신적으로 상처입고 지쳐 있을 때 서로를 감싸 안고 고통을 나눌 수 있다면 그보다 더한 기쁨은 없을 것이다.

서로에게 신뢰를 쌓고 애정 어린 손길을 보내며 곁에서 도움을 주고 상대를 위해 희생하는 사소한 행동이 참사랑을 가져온다. 또 성공적인 결혼 생활은 인생을 살아가는 긍정의 요소가 되어 보다 멋진 사람, 멋진 부모, 성공한 사회인, 좋은 본보기, 집안의 기둥으로 만들어 준다.

그런데 어떤 이는 참사랑의 소중함을 알지 못하고 오직 쾌락을 추구하기 바쁘다. 삶의 재미와 즐거움이 모두 거기에 있다는 듯 그릇된 생각을 가지고 살아간다.

배우자를 평생 사랑하는 일은 충분히 실재할 수 있으며 또한 실재한다. 이 책은 그 방법을 상세히 알려 '결혼 후 구애'가 주는 달콤한 로맨스를 경험하도록 도울 것이다. 이 안에 담긴 개념과 원칙, 행동 단계는 25년 이상 결혼 생활을 유지하고 있는 부부를 대상으로 광범위한 설문 조사를 한 끝에 이끌어낸 것으로 실증적이고 장기간에 걸쳐 효과를 나타냈다. 설문에 참여한 수백 쌍의 부부는 연구를 마칠 때쯤

'영원히 사랑할 수 있다'는 것을 알게 되었다. 그렇다면 당신도 그럴 수 있지 않을까 한다.

이 책의 요점은 결국 배우자에게 충실히 하라는 것이다.

"어떤 이가 간절히 원하는 것을 얻도록 돕는다면 당신 또한 가장 원하는 것을 가질 수 있다."

어떤 관계에서도 두 사람 중 한 사람만 온전히 행복할 수 없다. 둘 다 행복하거나 둘 다 불행하거나 한쪽으로 기울게 된다. 서로를 존중하지 않는 관계는 행복하지 않고, 지속될 수 없다.

부드럽고 친절한 대화와 사려 깊고 신중한 행동이 친밀한 관계를 유지할 수 있게, 서로에게 흥미를 잃지 않게 한다. 세월이 흘러 배우자를 향한 사랑이 보잘것없이 퇴색해도, 결혼하던 그때의 부풀었던 사랑이 거죽만 남아 오래된 추억거리에 불과할지라도 끊임없이 상대에게 애정을 표현하는 노력이 필요하다. 어쩌면 이는 모두가 알고 있는 가장 기본적인 원칙일 것이다.

나는 굉장한 낙관주의자라 이 책에 담긴 원칙과 방법이 결혼 생활뿐 아니라 인생을 변화시킬 만한 힘이 있다고 확신한다.

책의 뒷부분에 66개 문항의 설문을 실었다. 본격적으로 이 책을 읽기 전에 먼저 1~44의 설문에 답하고 본인의 답을 깊이 평가해보기 바란다. 그동안 미처 알지 못한 많은 사실을 접하게 될 것이다. 또한 이 설문은 책을 읽으면서 강화시키고 싶은 부분에 중점을 둘 수 있도록 도울 것이다.

책을 전부 읽은 뒤에는 45~66의 22개 문항에 답하기 바란다. 만약 책을 읽기 전과 달라진 게 없다면 당신 혹은 내가 실패한 것이다.

지그지글러

역자 서문

결혼을 했든 예정에 있든 지금 이 책을 읽는 당신의 관심사는 '사랑과 행복'일 것이다. 예전부터 결혼은 '인륜대사'라 하여 사람이 살아가면서 치르게 되는 큰 행사로 여겨져 왔다. 결혼은 인생의 행복과 불행을 좌우하는 중요한 선택이다. 그래서 결혼 적령기의 남녀는 일생 사랑할 짝을 찾아다니고, 부모는 자녀의 배필을 찾아 온갖 조건을 따져가며 신랑감, 신붓감을 구한다.

그렇게 인연을 만나 결혼한 사람들의 생활은 어떨까? 가정에 사랑이 샘솟고 행복을 만끽하고 있을까? 아니면 부부가 서로를 증오하며 불행하다고 신세를 한탄하고 있을까?

결혼 생활이 사랑과 행복, 증오와 불행 중 어느 쪽에 속하든 현재의 상태는 과거에 저지른 행동의 결과일 수 있다. 즉 행복과 불행은 자신이 만들어가는 것이다.

나는 학창 시절 만난 그이와 10년 연애 끝에 결혼했다. 우리의 신혼 생활은 기대와 달리 트러블의 연속이었다. 연애 시절 그이는 내게 헌신적이었고 모든 의사결정을 내 뜻에 따라주었다. 그런데 결혼하고 보니 남편은 자기주장이 강한 남자였고, 연애 시절에 보지 못한 단점이 눈에 들어왔다. 처음에는 그러한 점을 뜯어고치려고 했다. 그러나 그럴수록 남편은 더욱 미운 짓을 했고, 부부싸움은 잦아졌다. 그때 나는 참으로 불행했다.

그러다 어느 날 문득 '애증'을 떠올렸다. 사랑과 미움은 병존하는 것이며, 사람이란 누구나 장점과 단점이 있게 마련이고, 사랑하는 이의 장단점을 있는 그대로 받아들이는 것이 참사랑이라는 것을 깨달았다.

나는 다음 날부터 생활 태도를 바꾸었다. 남편을 고치려 하지 않고 내가 그에게 맞추려 노력했다. 그러자 우리에게 변화가 일어났다. 대립에서 협력으로 부부 관계가 달라진 것이다. 우리는 다시 사랑이 샘솟고 행복을 되찾았다.

나와 미국의 마라벨 모건과 이 책의 저자인 지그 지글러는 참사랑과 행복의 비결을 이웃에게 나누어주고 싶어 '화목한 가정 만들기 운동'을 했다. 그러한 운동의 연장선상에서 이 책은 화목한 가정을 만드는 비결을 제시한다. 결혼한 당신에게 행복이 충만하고 인생과 사랑에 성공하기를 바란다.

소동춘

Courtship after Marriage

행복하라,
당신은 사랑하고 있다

우리에게 가장 중요한 것은 단 두 가지, 가족의 사랑과 이해다.
가족의 사랑과 이해가 없다면 모든 성공이 무의미하다.
그것들은 바람에 따라 편견의 조류에 따라 흔들리는 조각배와 같다.
그러나 가족은 인간이라는 배를 자부심과 충실함이라는 지주에 단단히 매어주는
영원한 정박지이자 고요한 항구인 것이다.

리처드 버드

여보, 나 젊어지고 싶어요."

"갑자기, 왜?"

"당신과 오래오래 살고 싶어서요."

나는 감동했다. 그 이전에도 이후에도 그처럼 감동적인 고백은 없었다.

그 순간, 우리가 하나라는 사실이 가슴속에 파고들었다.

수없이 아름다운 곳을 여행하고 재미있는 경험을 했지만 무엇도

그때처럼 소중하고 아름답지는 못했다.

그날 이후 나는 전보다 더욱 아내를 사랑하게 되었고 우리는 함께 있는

매 순간을 특별하게 생각했다.

보통 인간관계는 함께 한 세월이 깊을수록 사이가 돈독해지고 친근해지는데

아이러니하게도 남녀관계는 점차 서로에게 소원해지는 듯하다.

상대를 제대로 보려 하지 않고 무관심으로 일관하고 일상에 어떠한

일이 일어나는지 전혀 궁금해 하지 않는다.

왜 그렇게 되는 것인가?

행복한 남녀 관계,
왜 중요한가

　　　　　　　　　　　영국의 고고인류학자 존 D. 언원은 80개의 문명을 연구하고 거기에서 공통점을 찾아냈다.

모든 문명은 가족을 소중히 하는 도덕적 가치를 지닌 보수적 사고방식에서 출발해 개인의 자유를 추구하며 도덕성을 잃고 가족의 개념마저 사라지면서 점차 쇠퇴한다는 것이다. 즉 가정이 무너지면 국가가 힘을 잃고 쓰러진다는 의미이다.

언원의 연구를 보면, 한 남자와 여자가 사랑에 빠져 가정을 이루고 가족 구성원을 보살피고 보호하기 위해 자신을 헌신할 때 그들 각각은 사회적 질서를 이루는 기둥의 역할을 한다. 자신의 욕구를 충족하는 데 몰두하는 게 아니라 가정의 안정과 평안을 위해 자신을 헌신하고 일을 해 돈을 모으면 이기적인 충동이 억제되고, 자신이 가정을 유지하는 데 꼭 필요한 존재라는 사실에 자부심을 가진다는 것이다.

반대로 가정을 가지지 않고, 희생하지 않으며, 이기심을 그대로 드러내고 욕망을 실현하는 데만 급급한다면 세상에는 온갖 범죄가 난무할 것이다. 술과 마약에 빠지고 성적으로 타락하고 아무도 일하지 않고 마음대로 폭력을 행사하면 결국 그 사회는 무너질 것이다.

가정의 행복과
사회적 성공

가정이 행복하면 사회적으로도 성공한다. 이는 무조건적은 아니지만 여러 증거로 미루어볼 때 충분히 가능성이 높다. 회사 중책을 맡은 기업가는 업무에 치여 가정에 소홀할 것이라 생각하기 쉬운데 실제 연구 결과를 보면 이와는 반대이다. 이사급 이상의 회사 중역인 남녀 수천 명을 대상으로 연구를 실시한 결과 이들은 몇 가지 공통된 특성을 보였다.

배우자에게 충실하다. 주로 고등학교나 대학교 때 지금의 배우자를 만났고, 결혼 기간은 25년이 넘었다.

가족에게 책임을 다한다. 10명 중 8명은 2~4명 이상의 자녀를 키우고, 10명 중 9명은 인생에서 가족이 가장 소중하다고 대답했다.

종교 생활을 한다. 종교 집회에 정기적으로 참석한다.

생활 방식이 균형 잡혀 있다. 10명 중 9명이 정기적으로 일주일에 50~55시간 근무하고, 꾸준히 운동을 하고, 흡연을 하지 않으며, 여가 시간을 충실히 보내고, 적당한 수면을 취한다.

사람을 진심으로 아낀다. 이런 특성은 배우자나 자녀에 대한 관심에서 시작된다. 성공한 기업 간부 대다수는 가족과 여가를 보낸다.

이는 즉 화목하고 사랑이 넘치는 가정을 이루면 직장에서도 성공적인 관계를 확립할 수 있다는 의미이다.

현실적으로 사회와 가정에서의 활동을 정확히 분리할 수 있는 사람은 거의 없다. 집안일이 신경 쓰이면 회사에서 집중해서 일할 수 없다. 결국 가정에서의 문제가 직장까지 따라와 실적에 영향을 미치는 셈이다.

이에 대한 앙케트가 있다. "가정에서 일어난 문제가 일에 부정적인 영향을 미친적이 있는가?" 라는 질문에 응답자의 42퍼센트가 '그렇다'고 답했다. 이는 알코올중독(42퍼센트), 마약(22퍼센트)보다 높은 수치였다.

가정이 편안해야 일도 잘된다는 이야기는 누구나 알고 있는 흔한 사실이다. 배우자와 친밀감을 형성하고, 아름다운 관계를 만들어 나갈수록 업무에 있어서도 보다 창의력이 발휘되고 삶의 질이 향상되며 생활수준이 높아진다.

사랑의 힘

마라벨 모건은 미국의 프로 미식축구 팀인 마이애미 돌핀스에 소속된 선수들의 부인으로 구성된 응원단을 연구하다 눈에 띄는 한 여인을 발견했다. 그녀는 돌핀스의 선수 폴 워필드의 부인이었는데, 홈구장에서 경기가 열릴 때면 언제나 관중석의 특석에서 관전했다.

플레이오프 진출 여부가 달린 중요한 경기가 열리는 어느 날이었다. 돌핀스의 명쿼터백인 밥 그리즈가 폴 워필드에게 공을 던지자 그는 30야드를 달려 터치다운을 성공시켰고 그로 인해 돌핀스팀은 승리를 거머쥐었다.

승리의 기쁨에 취한 폴 워필드는 엔드존을 한 바퀴 돌고, 공을 높이 차올렸다. 폴이 사이드라인을 달리자 홈구장에 모인 6만여 명의 팬이 일제히 함성을 질렀다. 수많은 사람의 환호 속에서 그가 찾고 있는 사람은 단 한 명, 관중석에 앉아 있는 사랑하는 아내였다. 그는 그녀와 눈이 마주치자 힘껏 손을 뻗어 흔들었다. 그러자 아내는 "저 사람이 내 남편이에요!" 라고 크게 소리 지르며 박수를 쳤다. 그 모습은 텔레비전에 생중계되었고, 수백만의 시청자가 그들에게 힘찬 박수를 보냈다.

나 역시 마찬가지로 아내가 청중석에 있을 때 최고의 연설을 한다. 매사에 최선을 다하지만 특히 아내가 보고 있을 때 최고의 실력을 발휘한다. 그날의 강연에 대해 다른 사람에게 칭찬받는 것은 기분 좋은 일이지만 아내에게 그 말을 듣기 전까지는 어딘지 허전하다.

누구든 사랑하는 대상에게 인정받는 것에 최고의 가치를 둘 것이다. 사소한 말 한마디라도 칭찬의 힘은 대단한 위력을 발휘해 성과를 이끌어낸다. 다른 한편으로, 칭찬과 인정은 상대에게 사랑받고 있다는 확신을 갖게 한다. 그만큼 그를 사랑하기에 그가 하는 일에 관심을 보이고 그것에 대해 진심으로 축하하고 격려하는 것이기 때문이다.

귀여운 당신,
빨간 머리

　　　　　　　나는 강연에서 아내의 이야기를 자주 한다. 아내를 사람들에게 소개할 때 "그녀는 '빨간 머리'이고, 둘만의 은밀한 대화에서는 '귀여운 당신'이며 그녀의 이름은 '진'입니다. 우리는 결혼하고 27년간 경제적으로 불안한 생활을 했습니다. 파산 직전은 아니었지만 늘 마음을 놓을 수가 없을 정도로 위태위태했습니다. 돈이 들어온다 싶으면 갑자기 예기치 않은 일을 맞아 쏙 빠져나가 안정적인 생활은 꿈도 꾸지 못했습니다. 어떤 때는 5년간 17개의 사업에 관여하기도 했습니다. 어서 돈을 많이 벌고 싶다는 욕심에 일을 벌였다가 실패하고 또다시 다른 일을 찾아다니기를 반복했습니다. 그 힘든 세월 동안 빨간 머리는 '우리한테 돈이 조금만 더 있었으면 좋겠어요.'라는 말을 한 번도 하지 않았습니다. 그녀는 언제나 힘을 주었

습니다.“

"당신은 할 수 있어요. 여보, 내일은 더 나아질 거예요."

상대방을 믿고 격려하고 지원하는 것과 잔소리를 늘어놓고 비난하는 것의 결과는 천지 차이이다. 전자는 두 사람을 한 팀으로 만들어 서로 능력을 200퍼센트 발휘하게 하지만, 후자는 서로를 좀먹는 행위이다.

사랑하면
오래 살 수 있다

나는 60세가 지나서도 다른 사람에게는 갓 중년을 넘겼다고 말하고 다녔다. 그 이야기를 듣고 나를 잘 모르는 사람은 잠시 의아해하다 넘기고, 잘 아는 이들은 크게 웃음을 터뜨렸다. 그럼 그들에게 "120살까지 살 테니 중년이 맞지!" 하고 천연덕스럽게 덧붙였다.

앞으로 삶이 얼마나 남았는지는 알 수 없다. 다만, 아직도 나는 누군가를 사랑하고 그 사랑에 가슴이 뛰기에 사랑하지 않는 이들보다는 분명 오래 살 것이라 확신한다.

'사랑하면 오래 살 수 있다'는 가설을 뒷받침하는 연구결과가 있다.

25~44세 남성을 대상으로 연구했는데 기혼자가 미혼자보다 절반가량 사망률이 낮은 것으로 밝혀졌다고 한다.

그리스의 철학자 소크라테스는 결혼 찬성론자였다. 그는 제자들에게 이렇게 말했다.

"결혼하라. 좋은 아내를 얻는다면 정말 행복할 것이고 나쁜 아내를 얻는다 해도 철학자가 될 테니 그 또한 좋은 일이 아니겠는가?"

결혼이 행복의 필요조건은 아니지만, 분명 혼자보다는 배우자와 함께 하는 삶이 더 행복하고 생명을 오래 유지할 수 있는 비결일 것이다.

나 역시 결혼에 대해 무척 낙관적인데, 이는 행복해지기를 바라는 마음이 빚어낸 환상이 아니라 43년간의 결혼 생활로 저절로 형성된 것이다.

물론 결혼 생활이 언제, 어느 때나 100퍼센트 행복한 것은 아니었다. 힘든 시간을 겪었고, 서로 미워하기도 했지만 우리는 마음과 태도를 바꿔 다시 사랑을 키워나갔고 구애를 멈추지 않았다.

사소한 행동이나 말투가 불행 혹은 행복의 씨앗이 될 수 있다. 잦은 의견 충돌로 사이가 벌어지면 불행의 씨앗이 자라날 것이고, 상처를 잘 다독여 서로에게 위안이 되고 힘이 되어 주는 관계를 이룬다면 행복의 씨앗이 자라날 것이다.

부부의 사랑이 가정에 미치는 영향

친동생을 만나러 갔을 때의 일이다. 당시 동생의 아내는 딸의 출산을 도우러 가서 며칠 집을 비운 상태였다. 동생은 주방에서 요리를 하고, 나는 정원에 앉아 일광욕을 즐기고 있는데 마침 동생의 아내가 집에 돌아왔다. 그때 어떻게 알았는지 동생이 주방에서 달려 나와 아내를 맞이했다. 그들은 얼싸안고 키스를 하더니 눈물을 흘리며 다시는 헤어지지 말자고 약속했다. 33년을 함께 살고 단지 몇 주 떨어져 있었을 뿐인데!

만약 그들의 사랑 이야기가 텔레비전에 그대로 생중계된다면 어떨까 한다. 서로 존경하고, 상대방을 먼저 생각하고, 사랑하며 살아온 그들의 삶의 이야기가.

동생 부부는 잘생긴 아들 다섯 명과 귀여운 딸 하나를 두었다. 동생의 아내는 옷을 직접 만들어 입히는 등 정성을 다해 아이들을 길렀다. 그녀는 가족들을 위해 매일 집을 깨끗이 치우고 맛있는 식사를 준비했고, 남편에게는 언제나 진실하고 사랑을 아끼지 않는 아내의 역할에 충실했다.

동생 역시 아내에게 자신의 모든 것을 주었다. 가족을 위해 헌신하고, 성실히 일하고, 아내를 지극히 사랑했다. 동생은 시골에 있는 작은 교회의 목사인데 수입이 거의 없어 부업으로 소, 닭, 돼지를 키우고 과일과 채소 농사를 지었다. 때때로 그 가정은 경제적으로 무척 궁핍한 상태에 처하기도 했지만 그때마다 허리띠를 단단히 조이고 가족이 함께 어려움을 이겨냈다. 그들은 결코 부유하지 않았지만 늘 웃음이 끊이지 않았다. 남편과 아내가 서로 사랑했고, 그 모습을 보고 자란 아이들도 형제간에 우애가 돈독했으며 부모 자식 사이도 각별했다.

부유한 가정에서 부족함 없이 자란 아이보다 조금 가난하더라도 사랑이 넘치는 가정에서 자란 아이가 보다 훌륭한 어른으로 성장하리라는 것은 너무도 당연한 이치이다.

죄의식은
느끼지 마라

결혼 생활이 어그러졌거나 가정에 문제가 있다 해도 그로인해 죄의식을 가질 필요는 없다. 한번 엎질러진 물은 주워 담을 수 없고, 벌어진 일은 돌이킬 수 없다. 과거에 당신이 어떠한 행동을 했든 그것은 그 상황과 시기에 가장 적절한 최선이었을 것이다. 잘못된 선택이었다 한들 자신을 책망한다고 얻는 건 없다.

과거는 잊는 것이 가장 바람직하다.

수정할 수 없는 과거의 책장을 넘기고 다음에 펼쳐진 백지를 보아라. 그리고 그 무(無)의 공간에 긍정을 채워 넣고 현재 행복을 즐겨라. 최상의 선택을 할 수 있는 기회가 아직 남아 있다.

문제 있는 부부 대화 유형 9가지

부부 관계에서는 갈등이 따르기 마련이다. 갈등을 해결하는 가장 좋은 방법은 대화이다. 건강한 가정은 원만한 부부 관계에서 출발한다. 부부 사이에 대화가 제대로 이루어지지 않는 순간부터 이혼과 같은 최악의 가능성이 잠재하는 것으로 보아야 한다. 부부에게 엿보이는 문제적 대화 유형은 다양하다. 여기에서는 크게 9가지로 구분해 말하고자 한다.

자존심 긁기형
장난이라도 '바보', '미쳤어' 등의 단어를 자주 사용한다.

레코드판형
툭하면 과거를 들추며 말을 시작한다. "당신, 나 임신했을 때 ××도 안 해줬잖아." 등등.

항상 · 절대로형
이 단어를 자주 사용하면 "내가 언제 항상 그랬어."라는 반응을 일으키기 쉽다.

전지적 시점형
상대의 감정을 추측하는 말이나 다 안다는 듯한 말투는 엉뚱한 갈등을 불러온다. "자주 늦는 거 보니 집에서 기다리는 내 걱정은 안 하는 것 같아 서운해."라는 식으로 추측 동기를 먼저 밝히고 상대의 반응을 듣는 것이 현명하다.

무조건 비판형

"집에만 있으니 남편 직장 생활 고달픈 걸 어떻게 알겠어?" 남편은 구체적인 대안을 제시하지 않고 잘못을 지적해 아내에게 좌절감을 느끼게 하는 경우가 많다.

시선회피형

상대의 시선을 마주치지 않고 텔레비전이나 신문을 보면서 말하는 것은 상대의 기분을 상하게 만들 수 있다.

책임회피형

"당신 때문에……."라며 책임을 회피한다.

감정보다 태도형

팔짱을 끼고 말을 거는 등의 행동을 취한다.

인신공격형

순간적으로 화가 나서 "당신과 결혼한 것을 후회한다."는 말을 내뱉었을 경우 그 말은 상대의 가슴속에 오랫동안 상처로 남는다는 것을 기억해라.

〈출처〉 한국심리상담센터 부부상담실

나는 맞지 않는
사람과 사랑했다

결혼은 하늘에서 맺어지는 것일지 모르지만
수많은 세세한 부분은 바로 이 땅 위에서 만들어진다.
글로리아 피셔

대부분 사람은 처음 만난 상대에게 솔직하지 않다.

몇 번의 만남으로 대략적인 정보를 주고받지만 자신이 어떤 사람인지

무슨 생각을 하고 무엇을 믿는지는 말하지 않는다.

그렇기에 사람 사이에 관계를 맺는 데는 서로를 알아가는

시간이 필요하다.

남녀 사이도 마찬가지이다.

구애 기간은 최대한 길어야 한다.

남녀가 서로 첫눈에 반해 한 달 뒤에 결혼식을 올리고

아들딸 낳고 오래도록 행복하게 살았다는 이야기는 현실과

동떨어진 동화에 불과하다.

원하던 그 사람이
아니다

왕자인 줄 알았는데 알고 보니 거지이고, 예쁘고 착한 콩쥐인 줄 알았는데 알고 보니 못된 팥쥐라면 여기에서 심각한 문제가 발생한다. 꿈꾸던 이상의 사람이라 여긴 그의 실체에 직면하는 순간 자신이 생각한 그가 아니라는, 속았다는 결론에 이르게 된다.

심리학자 찰스 로어리는 대개 결혼식을 올리고 4주 후면이 같은 결론에 도달한다고 말한다. 이유는 명백한데, 결혼 전에 어마어마한 사기를 쳐놨기 때문이다. 연애하는 사람은 상대에게 자신의 좋은 점만 내세우고 싶어 장점을 계속 갈고닦아 겉을 번지르하게 꾸며놓으니 본인도 모르는 사이 알게 모르게 사기를 치게 되는 셈이다.

현명한 사람은 결혼을 결정하기까지 2년을 기다린다고 한다. 정신분석학자 로스 캠벨은 최소 2년은 되어야 상대의 성격을 알고, 2년도 짧을 수 있다고 한다. 그렇지만 현실의 구애는 빠른 속도로 진행된다. 상대에게 매료되는 순간 '바로 저 사람이다'라고 마음이 재촉하기 때문이다.

"그 사람과 나는 공통점이 많아요. 둘 다 책 보는 거 좋아하고, 음식 취향도 그렇고, 학교 다닐 때 전교 등수가 중간 정도였던 것도 비숫해요. 둘 다 대가족이고, 형제 중 둘째라는 것도 같아요!"

정말 놀랍게도, 열심히 찾아보면 하늘이 맺어준 인연이라고밖에 생각할 수 없는 이유를 얼마든지 가져다 붙일 수 있다. 이러한 공통점은 연애 당시에는 매력으로 다가오지만 결혼 후에는 도저히 함께 살아갈 수 없는 결점으로 작용한다.

강직하고 과묵해서 좋았던 그는 어느새 대화가 통하지 않는 벽창호가 되고, 개성 있고 개방적이며 새로운 아이디어로 넘치던 그녀는 제멋대로 행동하는 경박한 여자가 되어버린다. 이렇게 한번 사이가 벌어지면 시간이 흐를수록 상대를 보는 눈빛이 달라지고 단점만 찾게 된다.

평생을 같이할 수 있는 사람을 알아보는 눈은 연습한다고 나아질 거란 보장도 없다. 미국의 한 통계에 따르면 초혼은 50퍼센트, 재혼은 60퍼센트, 세 번째 결혼은 70퍼센트, 네 번째 결혼은 80퍼센트가 이혼을 경험한다. 이를 보면 별다른 준비 없이 밀어붙인 첫 번째 결혼의 배우자가 가장 훌륭한 결정이었음을 알 수 있다.

그렇다면 문제를 풀 수 있는 답은 이혼이 아니라 현재의 부부 관계를 개선하는 것이다. 결혼식장에서 서로 마주보며 평생 아끼고 사랑하겠다고 다짐한 그때의 기억을 되살려 의미 있고 즐거운 관계로 발전하려면 어떠한 변화가 필요한 것인가? 세월이 흐를수록 더욱 멋

있는 그런 부부의 모습을 연출하려면 지금 두 사람은 무엇을 해야 하는가?

남편 혹은 아내라는
희귀종

〈가이드 포스트〉 사의 회장인 루스 스태퍼드 필은 젊은 아내들에게 다음과 같이 충고를 한다.

"남편을 연구하세요. 희귀종의 신기하고 매력적인 동물인 것처럼 연구하세요. 그는 끊임없이 변화할 것이기에 연구는 꾸준히 계속되어야 합니다. 그가 좋아하는 것과 싫어하는 것, 장점과 단점, 취향과 습관에 대해 연구하세요. 한 남자와 성공적으로 살아가기 위해서는 그를 알아야 하고 그러려면 연구해야 합니다. 단순히 그를 사랑하는 것만으로는 충분하지 않습니다."

나는 모든 남편에게 똑같이 충고하고 싶다.

"아내를 연구하세요. 희귀종의 신기하고 매력적인 동물인 것처럼 연구하세요. 그녀는 끊임없이 변화할 것이기에 연구는 꾸준히 계속되어야 합니다. 좋아하는 것과 싫어하는 것, 장점과 단점, 취향과 습관에 대해 연구하세요. 한 여자와 성공적으로 살아가기 위해서는 그녀에 관해 알아야 하고 그러려면 연구해야 합니다. 단순히 그녀를 사랑하는 것만으로는 충분하지 않습니다."

남편 혹은 부인이 자신과 맞지 않는다고 느끼거나, 애초에 그 또는 그녀와 결혼하지 말았어야 했다고 후회한다면 그건 분명 배우자를 잘알지 못하기에 하는 이야기이다. 상대를 비뚤게 보고 투덜거리기 전에 먼저 그를 주의 깊게 연구하고 알아가는 시간을 가져라. 내 삶에 깊이 침투한 '이방인'에게 다가가는 첫 번째 접근법은 그를 제대로 살피고 연구하는 것이다.

딱히 바라는 건 없지만,
행복하지 않아요

25년 이상 함께 살아온 부부에게 설문조사를 했다.

"다시 결혼할 기회가 주어진다면, 현재의 배우자와 하겠습니까?"

이 설문에 '그렇다'고 응답한 사람의 84퍼센트가 배우자가 변하지 않고 지금 모습 그대로 있어 주기를 원했다.

그래도 만약 변화가 가능하다면 어떻게 바뀌길 바라느냐는 질문에 한 여성은 짧게 답했다.

"한 25년 살고 나면 그런 거 없어요."

어떤 남편은 이렇게 말했다.

"아내가 좀 더 건강했으면 좋겠어요."

그 밖에 다른 몇몇은 '운전 습관', '집안일을 돕는 것', '외출 준비를 하는 동안 차분히 기다려 주는 것' 등의 사소한 일을 꼽았다. 이 84퍼센트의 사람 중 89퍼센트는 결혼 생활 동안 배우자의 모습을 있는 그대로 받아들이기 위해 노력했다고 대답했다.

현재 배우자와 다시 결혼할 거지만 바꾸고 싶은 것이 있다는 16퍼센트는 다음과 같은 변화만을 바랐다.

"남편이 근사하게 애정 표현을 하면 좋겠어요."

현재의 배우자와 다시 결혼하겠다는 이들 모두 상대를 있는 그대로 받아들일 수 있는 지혜를 가지고 있고, 억지로 바꾸려 하거나 완벽함을 추구하는 일이 쓸데없음을 확신한다. 그렇다면 이런 문제가 제기된다.

"딱히 바라는 건 없지만 그렇다고 행복하지도 않아요."

행복을 느끼지 못한다면 이것은 분명 무언가 어긋나 있는 것이다. 이 문제를 해결하려면 자신이 배우자에게 어떤 식으로 사랑을 표현하고 있는지 정확히 파악해야 한다. 곰곰이 살펴보면 아마 평소 자각하지 못한 자신의 잘못된 태도나 습관을 찾을 수 있을 것이다. 그 문제에 대해 배우자와 이야기를 나누다 보면 두 사람이 서로에게 느꼈던 답답함이 해소될 것이다. 노력해 보아라. 단 한 번의 인생, 두 사람은 행복해질 권리가 있다.

취미 공유하기

구애하는 사람은 상대에게 잘 보이기 위해 어떻게든 속임수를 쓴다. 그 사람과 함께 하기 위해, 그를 즐겁게 만들고 싶어 웃기지 않아도 재미있는 척하고 즐기지 않아도 좋아하는 척 과장한다.

'상대에게 맞추는 건 피곤하다', '하기 싫은데 억지로 하는 것보다 싫은 건 싫다고 말하는 게 낫다' 등 자신의 스타일대로 밀어붙이려는 사람이 있다. 그렇더라도 최소한 시도는 해야 합니다. 쓸모없는 노력 같아도 막상 시작하면 그 일이 당신의 결혼 생활에 얼마나 도움이 되는지 절실히 느낄 것이다.

취미를 공유하는 가장 쉬운 방법은 어느 한쪽이 먼저 다가가 함께 하는 것이다. 자신이 좋아하는 일을 먼저 권하기란 쉽지 않다. 가까운 부부 사이일수록 더욱 그렇다. '당연히 싫어할 거야', '관심도 없겠지', '괜히 말 꺼냈다가 화만 돋울 거야' 등 상대를 잘 안다고 생각하기 때문에 오히려 알아서 판단하는 오류를 범한다.

먼저 나서서 취미를 공유하는 건 좋지만 그렇다고 자신 없는 상태에서 무작정 덤벼들다가는 오히려 빈축을 살 수 있다. 그 일로 사이가 벌어진다면 그다음부터는 취미를 함께 하기가 더욱 어려워진다. 확신이 서면 그때 이야기해라.

"당신이 좋아하는 운동 우리 같이 해요."

두 사람의 취향이 완전히 다른 경우에는 서로 어느 정도까지 이해하고 받아들일 수 있는지 합의해라.

"둘 다 즐길 수 있는 취미를 갖는 건 어떨까요?"

무엇이든 공유한다는 것은 단지 그 자체로 끝나는 게 아니라 여러 가지 기회를 가져다준다. 함께 하는 시간을 풍성하게 해주고, 자연스레 이야깃거리를 만들어준다. 또 그러한 모든 이점이 모여 결혼 생활을 보다 행복하게 이끄는 힘이 될 것이다. 또한 상대의 취미에서 자신의 재능과 흥미를 발견하는 재미있는 일이 벌어질지도 모른다.

장점 찾기

"다른 사람을 부자로 만들지 않고 혼자만 부자가 될 수 있는 사람은 없다."

앤드루 카네기는 이 같은 철학이 있었고 실제로 그의 회사에는 백만장자가 무려 43명이었다. 어느 인터뷰에서 기자가 카네기에게 물었다.

"어떻게 몇십 명의 백만장자를 고용할 수 있었습니까?"

"고용한 게 아니라 그들은 나와 함께 일함으로써 백만장자가 되었습니다."

기자가 다시 물었다.

"그럼 그들을 어떻게 백만장자로 만들었습니까? 그 많은 월급은 어떻게 지불을 하는지요?"

"대답할 수 없습니다. 한 가지 중요한 건 황금을 찾는 일입니다. 1온스의 황금은 수백만 톤의 흙을 파낸 뒤에야 얻을 수 있지요."

사람이 지닌 황금은 바로 그의 장점이다. 기업 경영에서 인재를 발굴하고 그의 장점을 찾아 재능을 키운다면 궁극적으로 회사 발전에 도움이 된다. 결혼 생활도 마찬가지이다. 배우자의 장점을 찾아 성공적인 삶을 위한 요소로 발전시킬 수 있다. 장점은 커도 작게 보이고, 단점은 작아도 커 보이기 마련이다. 장점을 찾기 전에 단점이 눈에 들어오더라도 인내와 이해를 발휘해 상대와 잘 지낼 수 있는 능력을 훈련해 보아라.

추녀를 신부로 맞이한
부자 신랑

오래전 미국 하와이 주의 오아후 섬에는 독특한 관습이 있었다. 결혼 허락을 받으려면 신랑 측에서 신부 쪽으로 소를 보내야 했다. 보통은 3마리, 신부의 외모가 극히 아름답고 매력적일 때는 4마리, 온 동네에 소문이 날 만큼 인기 있는 여성일 경우 5마리의 소를 보내는 경우도 있었다.

그 섬에 사는 자매가 있었다. 첫째는 굉장한 추녀이고, 둘째는 누구라도 반할 만큼 대단한 미녀였다. 아버지는 큰딸이 과연 시집을 갈 수 있을지 걱정이 태산이었다. 소 3마리는커녕 2마리라도 받으면 다행이라고 생각했다. 구혼자가 말만 잘하면 소 1마리에라도 딸을 시집보낼 마음이 있었다. 사실 누구든 큰딸을 데려가기만 하면 집안에 입 하나를 덜어주는 셈이니 무조건 기쁘게 맞을 참이었다.

그러던 어느 날, 부자 청년 조니 링고가 그의 집을 찾아왔다. 동네 사람들은 분명 작은딸에게 청혼하러 왔을 거라 추측했는데, 조니 링고가 찾은 사람은 큰딸이었다.

아버지는 쾌재를 외치며 속으로 생각했다.

'인심이 후하기로 소문난 사람이니 적어도 소 3마리는 주겠지? 아니야, 부자니까 4마리를 줄지도 몰라. 혹시 5마리를 주는 건 아닐까?'

그의 예상을 깨고 조니 링고는 무려 10마리의 소를 가져와 큰딸과 혼인하기를 청했다. 아버지는 크게 기뻐하며 조니 링고의 마음이 바뀌거나, 갑자기 천재지변이 일어나 죽어 버리거나, 지금 잠시 정신이 나간 상태는 아닌지 내일이면 없던 일로 하자고 할까 봐 겁이 나 서둘러 결혼식을 치렀다. 그리고 신랑과 신부는 2년간 신혼여행을 떠났다.

신혼여행에서 돌아오는 날, 그들을 마중하기 위해 동네사람들이 우르르 몰려들었다. 그때 누가 소리쳤다.

"신혼부부가 온다!"

"신랑과 신부가 맞아?"

분명 조니 링고는 확실한데 신부는 낯익은 듯하면서도 예전 그 사람이 아닌 듯 놀라울 정도로 아름다웠다. 우아한 몸짓과 침착하고 자신감 넘치는 태도가 그녀의 미모를 한층 드높였다. 그녀의 모습에 감탄해 넋을 잃은 사람들은 하나같이 생각했다.

'저토록 아름다운 여인과 혼인이 고작 소 10마리라니!'

이 이야기는 그저 전설이 아니다. 현재에도 전 세계적으로 수천 번 아니 그 이상 계속해서 벌어지고 있는 일이다. 조니 링고는 소 10마리로 그녀의 가치를 끌어올렸고 이는 그녀의 자신감과 자아상, 정신상태에 긍정적으로 작용해 추녀가 아닌 미녀로 만든 것이다. 이 같은 일은 언제든 일어날 수 있다.

자신이 상대에게 원하는 만큼 그 사람이 반드시 그러한 사람인 것처럼 대해야 한다. 아내를 훌륭한 여성으로 대우하면 심술쟁이, 잔소리꾼 마누라는 결코 얻지 않을 것이다. 남편을 '챔피언'으로 대우하면 결코 멍청이, 얼간이와 살지 않게 될 것이다.

괴테는 이런 말을 했다.

"만약 당신이 남자를 있는 그대로의 모습으로 대우한다면 그는 언제나 그런 모습으로 남을 것이다. 만약 그를 그가 되어야 하는 어떤 모습인 것처럼 대우한다면 그는 보다 크고 멋진 남자가 될 것이다."

배우자가 발전할 수 있게 노력해 보아라. 그러면 당신은 더 멋진 배우자와 한평생을 함께 할 수 있다. 바로 이것이 멋진 결혼 생활을 위한 열쇠이다.

구애도 퀴즈

먼저 자신의 입장에서 테스트를 진행해 점수를 합산하고, 배우자의 입장에서 다시 해본다. 그다음 배우자에게도 똑같은 방식으로 할 것을 권하고 마지막으로 서로의 답을 비교한다.

1. 우리는 _____ 손을 잡는다?
① 하루에 여러 번, 산책할 때나 남들 앞에서.
② 일주일에 두세 번, 필요하거나 그렇지 않을 때나 상관없이.
③ 가끔씩, 아주 드물게.
④ 손을 잡지 않는다.

2. 나는 배우자와 _____?
① 좋은 일이든 나쁜 일이든 모든 것을 나눈다.
② 좋은 일은 공유하고 나쁜 일은 거의 나누지 않는다.
③ 일주일에 한두 번 대화를 한다. 우리는 각자 너무 바쁘다.
④ 사생활은 말하지 않는다. 사소하고, 말할 가치가 없다.

3. 우리는 _____ 에 대해 이야기한다?
① 일상의 모든 일과 그것에 대한 감정.
② 사실을 말하지만 감정을 공유하기는 조심스럽다.
③ 몇몇 일을 이야기하지만 대부분 함께 나눌 만한 것이 아니다.
④ 아주 기본적인 것만. 아이들, 차, 스케줄, 재산 등.

4. 육체적 • 성적 관계는?

① 최고다. 신혼 초기보다 점점 좋아지고 있다.

② 정기적으로 하고 만족스럽다. 그러나 환상적이지는 않다.

③ 되는대로 한다.

④ 거의 언제나 문제가 있다.

5. 우리의 관계 중 로맨스는?

① 잠자리뿐 아니라 일상생활에 가장 중요한 부분이다. 손을 꼭 잡고, 떨어져 있어도 서로를 보고, 자주 선물을 한다.

② 잠자리가 아닌 경우에는 거의 찾아볼 수 없다.

③ 밸런타인데이나 결혼기념일과 같은 특별한 날만 신경 쓴다.

④ 시들하다. 마치 손이 가지 않는 싸구려 사탕과 같다.

6. 결혼 생활 중 돈은?

① 함께 다루어야 할 주제다.

② 피해야 할 문제다.

③ 가끔 싸움의 원인이 된다.

④ 돈 문제로 끊임없이 싸운다.

7. 결혼 생활 중 대부분의 결정, 특히 중요한 결정을 내릴 때는?

① 함께 이야기하고 상의해서 결정한다.

② 둘 중 한 사람이 결정한다.

③ 갈등이나 상처를 치르고서야 결정할 수 있다.

④ 큰 싸움을 치르거나 때로 끝내 미결로 남는다.

8. 갈등에 대처하는 방법은?

① 문제에 직면해 감정을 솔직하게 털어놓는다. 상대의 말을 경청하고, 손을 마주 잡고 대화를 통해 합의점을 찾는다.

② 사소한 갈등은 무시하지만 때로 심각한 싸움이 되기도 한다.

③ 종종 갈등을 빚고, 가끔 싸움으로 발전해 욕설이 오간다.

④ 과거의 일을 끌어내 욕을 하고, 고통과 상처를 낳는다.

9. 밖에서 데이트는?

① 정기적으로, 적어도 일주일에 한 번. 데이트가 즐겁다.

② 한 달에 한두 번. 대부분 기분 좋게 보낸다.

③ 가끔. 때때로 즐겁기도 하다.

④ 전혀 하지 않는다. 연애하는 것도 아닌데 데이트를 왜?

10. 결혼이란?

① 인생의 동반자를 맞이하는 것이며, 사랑하는 두 사람이 이룰 수 있는 가장 이상적인 관계다.

② ①이 이상적이지만 가끔 현실적으로 부족한 점이 있다.

③ 서로에게 아주 잘 맞는 짝은 아니지만 대충 맞춰 살 것이다.

④ 만약 나의 결혼 생활이 계속 유지된다면 그건 기적이다.

11. 나의 배우자는?

① 가장 친한 친구이자 연인이고 연애 감정을 느끼는 유일한 사람으로 인생의 동반자다.

② ①에 나온 말 중 두 가지 정도에 동감한다.

③ ①에 나온 말 중 한 가지 정도에 해당한다.

④ 한 가닥의 실오라기로 버티는 위태로운 관계.

12. 현재 결혼 생활은?

① 끊임없이 노력해야 한다. 투자할 만한 가치가 충분하다.

② 원만하지만 더욱 열심히 노력할 필요가 있다.

③ 때론 노력을 할 만한 가치가 없어 보인다.

④ 노력할 가치가 없다.

13. 배우자는 나를 이렇게 받아들인다?

① 아무 조건 없이 진정한 사랑과 포용으로 나의 결점과 그 외의 모든 것을 있는 그대로 받아들인다.

② 대부분 이해하지만 몇 가지는 바꾸고 싶어 한다.

③ 있는 그대로 받아들이지만 내가 얼마나 발전이 필요한지 자주 지적한다.

④ 포용은커녕 최후통첩만 받는다. 바꾸든지, 끝장을 내든지.

14. 나는 배우자를 이렇게 받아들인다?

① 조건 없이 있는 그대로의 모습을 받아들인다.

② 대체로 받아들이지만 고쳐야 할 점이 몇 가지 있다.

③ 어느 정도는 이해하지만 변화시키기 위해 애쓴다.

④ 변화시키려는 노력을 그만둘 참이다. 포용하는 것은 오래전에 포기했다.

15. 신앙 면에서 우리는?

① 신에 대한 믿음을 공유한다.

② 둘 다 신앙심이 강하지만 몇 가지 문제에서는 대립한다.

③ 거의 관심 없지만 이에 두 사람 모두 대체로 만족한다.

④ 대부분의 경우 심각한 부부 싸움을 하게 된다.

16. 육아법이나 중요한 지출 결정 시 의견이 일치하지 않으면?

① 모든 가능성에 대해 토론하며 타협점을 찾는다.

② 한 사람이 포기하고, 남은 한 사람이 결정권을 갖는다.

③ 큰 싸움으로 번져 결국 해결책을 찾지 못한다.

④ 앞으로 계속될 부부 싸움에 한 가지 요인을 첨가할 뿐이다.

17. 하룻밤 출장일지라도 배우자와 멀리 떨어져 있어야 한다면?

① 떨어져 있는 시간이 참기 힘들다. 다시 만나면 무척 기쁘다.

② 익숙해질 만한데 아직도 서로를 그리워한다.

③ 생활에 위안을 얻을 수 있는 기회다.

④ 그 하룻밤이, 오랫동안 떨어져 서로의 존재에 대해 다시 생각해보는 계기
가 되어버렸다.

18. 마음껏 여행할 수 있다면?

① 최대한 오랫동안 배우자와 여행을 떠나 즐기고 오겠다.

② 배우자와 짧은 여행을 가겠다. 기간이 길면 지루할 것 같다.

③ 여행을 갈 필요가 없고, 집에서 해결할 일이 많다.

④ 가능한 한 오래 혼자 여행을 가겠다.

19. 낭만적인 분위기는?

① 정기적으로 계획을 세워 이벤트를 한다. 인생에 활력이 된다.

② 가끔. 자주 그런 시간을 갖고 싶다.

③ 점점 그럴 기회가 적어진다.

④ 과연 그런 일이 있기나 했다면 과거의 추억일 뿐이다.

20. 다른 친구들이 부부 관계에 영향을 끼친다면?

① 관계가 깊어지고 발전할 수 있게 곁에서 도와준다.

② 도움을 주지만 때로 관계를 빗나가게 한다.

③ 친구가 없다.

④ 끊임없는 문제와 갈등을 유발하는 원천이다.

점수 계산

점수를 합해 자신이 어디에 해당하지 살펴보자.

①번 – 5점   ②번 – 3점   ③번 – 1점   ④번 – 0점

80~100점

당신의 구애 상태는 아주 양호하다.

60~80점

당신의 구애 방법에 약간의 조정이 필요하다.

40~60점

상대방에 대한 구애를 가능한 빨리 시작하길 권한다. 이 책이 도움이 될 것이다.

40점 이하

이 책 이상의 것이 필요하다. 지금 곧 결혼 상담소를 찾아보길 권한다.

Courtship after Marriage

나는 곧 이혼할 것이다

동반자 의식이 선행되어야 한다.
한 남자는 먼저 남편이 되고 그다음에 아버지가 되며 세 번째로 직업인이 된다.
한 여자는 먼저 아내가 되고 그다음에 어머니가 되며 세 번째로 커리어 우먼이 된다.
화목한 결혼이 화목한 가정보다 우선이다.
결혼 생활은 영원하지만 부모가 되는 것은 일시적이다.
결혼 생활이 가장 중요하며 부모로서의 역할은 그다음이다.
자녀를 중심으로 움직이는 가정은 아이를 올바로 교육하지 못하고,
부부 관계도 원만하지 못하며, 무엇보다 자녀가 성인이 되어 떠난 뒤를 준비하지 못한다.
남자는 아내를 자기 자신처럼 사랑하고 여자는 남편을 존경해야 한다.

J. 앨런 피터슨

왜소한 한 소년이 길을 가는데 건강한 덩치 3명이

그 앞을 막아섰다.

어찌나 체격이 큰지 그중 누구라도 소년을 한 방에 날려버릴 정도였고

그들은 분명 그럴 생각인 듯했다.

소년은 상황을 피하기 위해 어떻게 할지 고민하다 이내 그들과의

사이 바닥에 선을 그었다.

그다음 서너 발짝 뒤로 물러서서 셋 중 가장 몸집이 큰 사내를

쏘아보며 외쳤다.

"자, 이쪽으로 넘어와 봐."

그는 소년을 비웃으며 선을 넘어와 건들거렸다.

소년은 씩 웃으며 그에게 말했다.

"이제 우리는 같은 편이야."

비극으로 끝내지
않기 위해

　　　　결혼을 이혼으로 끝내고 싶지 않다면 부부는 서로가 한편임을 확실히 이해해야 한다. 그러려면 남편과 아내는 친구가 되어야 한다. 친구의 사전적 정의는 '친밀한 관계, 후원자, 상대방에게 존경과 애정을 보내는 사람, 친근한 사람, 전쟁터에서 같은 편에 속하는 사람'이다.

친구가 된다 해도 가장 훌륭한 결혼 생활을 하고 있는 부부들조차 결혼은 끊임없는 갈등과 분쟁의 연속이라고 말한다.

또한 결혼은 50 대 50이 아닌 서로 100 대 100을 쏟아 부어야 한다는 것을 명심해야 한다. 남편은 아내를 기쁘게 해주기 위해 100퍼센트 노력해야 하고, 그녀를 온전히 사랑해야 하며, 그녀 곁에서 자신의 전부를 희생하고 성실한 모습을 보여야 한다. 아내 역시 똑같은 노력을 해야 한다.

그것만이 완벽하게 성공한 결혼 생활을 할 수 있는 유일한 길이다.

실패는 단지
실패일 뿐이다

만약 당신이 이혼을 하고 '나는 실패자야'라고 생각한다면 나는 감히 이렇게 말하겠다.

"실패는 하나의 사건일 뿐이지 결코 그 사람 자체가 실패한 것은 아니다."

미리 밝혀두는데, 이번 장은 이혼했거나 막 이혼하려는 사람들을 위해 쓰여진 게 아니다. 그런 사람들은 내가 이제부터 이야기하려는 것을 이미 경험했을 것이다. 오래된 상처를 끄집어내는 것은 고통일 뿐이므로 '상처에 소금물을 끼얹을' 필요는 없다고 생각한다. (따라서 빨리 4장으로 넘어가는 것이 좋다) 또한 이혼한 사람들을 비난하고 그들이 죄의식을 느끼게 하려는 것도 아니다. 그렇게 해서는 아무것도 얻을 수 없다.

이 장은 결혼 생활에 문제가 있거나 차라리 이혼하는 것이 낫겠다고 생각하고 있는 사람들을 위한 것이다.

만약 당신이 이혼을 고려하고 있거나 혹은 과거에 고려해본 적이 있거나 앞으로 고려할 생각이라면 이제부터 진지하게 이 장을 읽어보아라. 마음을 단단히 먹어야 할 것이다. 듣기 좋은 말이 아닌 사실 그 자체에 직면하게 될 테니까 말이다.

현실을 명확히
인식하라

미국의 경우 지난 50년간 이혼율이 700퍼센트 이상 증가해 한 부모 가정이 어마어마하게 많아졌다.

예를 들어 조사를 시작할 당시에는 여섯 살 이하의 아이 4명 중 1명이 한 부모 밑에서 양육되었는데 점차 5명 중 1명꼴로 늘어났다. 또 58개국의 종합 이혼 자료를 보면 보통 7년이던 결혼 기간이 4년으로 줄었다. 미국의 경우 결혼 2년째 되는 해에 이혼율이 가장 높은 것으로 나타났다.

이 같은 추세는 결혼과 관련한 책의 주제를 바꾸어 놓기도 했다. 그전에는 '이상적인 결혼 생활을 하는 법'에 대한 책만 나왔다면 이제는 '고통 없이 이혼하는 법'이라는 주제가 생겨났다.

1만 번이 넘는 결혼식에서 연주한 어떤 오케스트라 지휘자가 단원들에게 이렇게 말했다.

"여러분, 최선을 다해서 연주하세요. 이 중 많은 신부가 다시 결혼하게 된다는 것을 명심해요."

결혼한 이들의 45퍼센트가 재혼하기에 미래의 고객을 확보하라는 뜻이다.

한 변호사가 이혼 정보를 원하는 사람들에게 Drive in service(쉽고

간편하게 차에서 내리지 않고 상담하는 것)를 실시한다는 기사를 읽은 적이 있다. 이혼을 대하는 우리 사회의 태도는 끔찍할 정도이다.

또 어느 만화의 한 장면에, 첫 번째 인물이 이렇게 말했다.

"이상하기도 하지. 실제로 약혼을 하니까 결혼이 걱정되기 시작했어."

그러자 상대방이 답했다.

"그 심정 알겠다. 당연히 걱정될 거야. 결혼은 노력을 많이 해야 하는 일이니까. 7~8년은 정말 긴 시간이잖아."

다른 만화에서는 한 젊은 남자와 애인이 보석상에서 약혼반지를 고르는 장면이 나온다. 남자는 애인에게 이렇게 말했다.

"작은 걸로 하자. 어차피 이번이 첫 번째 결혼이니까 다음 기회도 있잖아."

우리는 결혼을 두고 파이 껍질 같은 약속을 하고 있는 것일까? 영화 〈메리 포핀스〉를 보면, 메리 포핀스와 환상적인 첫날을 보낸 제인과 마이크가 침대로 뛰어들며 이렇게 말한다.

제인 : 메리 포핀스, 우리를 떠나지 않을 거죠, 그렇죠?

마이클 : 만약 우리가 착하게 굴겠다고 약속하면 계속 있어줄 건가요?

메리 : 애들아, 그건 파이 껍질과 같은 약속이란다. 쉽게 한 약속
은 쉽게 깨지는 법이지.

결혼을 앞둔 남녀는 서로에게 수많은 파이 껍질 같은 약속을 한다. 첫 번째 어려움이 닥치자마자 깨어질 그런 약속을 말이다. 사실 예비 부부의 대다수가 앞으로 어떻게 결혼 생활을 꾸려갈지 계획을 세우기 보다 당장 결혼식을 어떻게 치를 것인지에 더 많은 시간을 할애한다.

그럼, 무엇을 어떻게 해야 할까?

무엇보다 문제의 심각성에 직면해야 한다. 사실을 제대로 아는 것이 그저 모든 게 잘될 거라는 희망만 가지고 아무것도 모르는 채 사는 것보다 현실적인 방법이다. 이혼이 어떤 것인지 자세히 알수록 자신 뿐 아니라 배우자와 자녀의 삶에 더 나은 결정을 내릴 수 있다.

주변에 이혼한 사람이 있다면 그들을 자세히 살펴보아라.

단, 배우자가 일방적으로 떠난 경우는 빼고 말이다. 이혼을 하고 2년이 지나면 약 10명 중 7명이 자신의 결정이 실수였다고 심각하게 생각한다. 그중 5명은 재혼을 하고 두 번째 이혼을 하게 된다. 그리고 대다수가 그전 배우자를 미워하며, 이 분노는 자녀와의 관계에 부정적인 영향을 미친다. 또, 이들 10명 중 오직 1명만이 10년 후에 만족스러운 삶을 살아간다고 한다.

"행복을 찾아 이혼을 택한 거라면 제대로 살아야지."라고 이혼 후 불행한 다수의 사람을 비난하고, 행복을 찾은 한 사람이 된다는 자신감이 있는가?

이혼은 단지 감정 문제뿐 아니라 경제적으로 참담한 결과를 동반한다. 경제적 이유 때문에 이혼하지 말라고 주장하는 것은 아니다. 다만 이혼 후 재혼하지 않고 자녀를 양육하는 여성 가운데 절반 정도가 사회복지제도에 의존하고 있다. 그들의 생활수준은 그전보다 대체로 떨어진다. 또 이혼한 남자 가운데 절반 이상이 자녀를 부양하지 못하고, 자주 만나지 못한다. 요즘같이 결혼을 일회용으로 보는 태도는 돌이킬 수 없는 손해를 가져올 것이다.

아버지들에게 하는 질문

만약 자녀의생활수준이 73퍼센트 이상 떨어지고 내년까지 그들을 보지 못한다 해도 여전히 이혼만을 고집하겠습니까? 아니면 결혼 생활을 지속하기 위한 가능한 조치를 취하겠습니까?

어머니들에게 하는 질문

만약 당신과 자녀가 정신적·경제적으로 비참한 생활수준에 고통받아야 하고, 가까운 미래에 행복해질 기회가 최소화된다고 해도 여전히 이혼을 고수할 것입니까? 아니면 결혼 생활을 지속하기 위한 가능한 조치를 취하겠습니까?

어떤 선택을
할 것인가

　　　　　　　　　　나와 함께 남녀 관계에 대해 연구하고 토론한 임상학자들은 이구동성으로 이렇게 주장한다.

"상대를 변화시키려 드는 대신 먼저 자신을 바꾸려고 해야 한다."

건강하지 못한 결혼은 건강하지 못한 정서적 욕구에서 비롯된다. 이러한 욕구는 행복한 결혼 생활을 위해 부부가 같이 만족할 수 있는 방향으로 바뀌어야 한다.

아이러니하게도 결혼이 잘못되었다고 느끼고, 자신과 딱 맞는 다른 상대를 찾아야겠다고 생각하는 사람은 대부분 자신과 똑같은 정서적 욕구를 지닌 이와 재혼하게 된다.

이혼이 진정한 해결책이 되지 않음은 자명한 진리이다. 결국 건강하지 못한 정서적 상황의 진정한 해결책은 새로운 배우자를 찾는 게 아니라 부부 상담이나 기타 여러 방법을 동원해 관계를 개선하기 위해 끊임없이 노력하는 것이다.

정신분석학자 프랭크 미너스는 '미너스 마이어 클리닉'을 운영하며 우울증과 다른 정신질환을 앓는 수천 명의 환자를 치료하는데, 그는 이혼에 대해 이렇게 말했다.

"이혼은 배우자의 죽음 다음으로 강한 정서적인 충격을 가져온다."

그는 이혼 시 받은 극도로 부정적인 정서적 영향이 배우자의 죽음에 의한 상실감보다 더 클 수 있다고 말한다.

또 그는 다음 말을 덧붙였다.

"배우자의 죽음은 선택할 수 없는 문제이다. 그러나 대부분의 경우 이혼은 선택하는 것이다."

이혼의 실질적인
피해자는 누구인가

대개 이혼의 실질적인 희생자는 아이들입니다. '이상적인'환경하에 이혼했다 해도 아이들은 큰 고통을 당한다.

아버지가 자녀에게 해줄 수 있는 가장 큰일은 그들의 어머니를 사랑하는 것이며, 어머니가 자녀를 위해 해줄 수 있는 가장 큰일 또한 그들의 아버지를 사랑하는 것이다.

아들이 열다섯 살쯤 되었을 때, 우리는 산책을 하면서 아버지 대 아들로 심각한 대화를 나누었다.

아들에게 물었다.

"아들, 아빠의 어떤 면이 가장 존경스러우냐고 누가 묻거든 뭐라고 대답할 거야?"

아이는 잠시 뜸을 들이더니 이내 대답했다.

"엄마를 사랑하는 거라고 대답할 거예요."

나는 자연스레 다시 물었다.

"왜 그렇게 말할 거야?"

"아빠가 엄마를 사랑하기 때문에 존중해준다는 걸 알아요. 아빠가 엄마를 제대로 대우해 주는 한 우리는 가족으로 남을 거고요. 그건요, 내가 아빠와 엄마 중 한 사람을 택할 필요가 없다는 뜻이거든요."

당시에는 몰랐는데 알고 보니 그날은 아들의 가장 친한 친구가 어머니와 아버지 중 어느 쪽과 살지 선택해야 했다고 한다.

자녀 문제는 이혼에 누가 옳고 그른가와는 전혀 관계가 없으며, 남편이나 아내의 성실성을 비난할 수 있는 문제도 아니다. 하지만 아이에게 그 영향력은 확실하고 결과는 고통스러우며 상처는 오래도록 지속된다.

부모의 이혼을 지켜본 아이 중 절반 가까이가 성적이 떨어지고 불안해하며 자신을 비하하는 경향을 보였고 사회 적응력이 떨어졌다. 여자아이는 3명 중 2명꼴로, 잠재적으로 남자 친구와의 관계에서 실패나 배신을 당할까 두려워한다. 또 이들은 친밀한 가족 관계에서 성장한 아이보다 알코올이나 약물에 중독될 가능성이 높다.

10명 중 3명만이 정상적으로 성장하는데 이들 또한 약 40퍼센트가 우울 증세를 보이고, 수업에 집중하지 못하며, 친구를 사귀는데 어려움을 겪고 기타 여러 문제로 고통을 당한다. 이 같은 현상을 두고 사회과학자들은 이렇게 결론을 지었다.

"이들 대다수가 타락한 생활을 하게 된다."

아이들은 감당하기 어려운 과도한 스트레스를 받고 그중 많이는 책임감에 더욱 힘겨워한다.

부모의 이혼은 7~13세 사이의 아이들에게 가장 힘든 일이다. 몇몇 학자의 말에 따르면 이 나이대의 아동은 이혼의 개념은 이해하나 그에 따른 정서적 문제에는 대처하지 못한다고 한다. 게다가 부모가 갈라선 뒤에도 불화가 이어지면 필연적으로 아이가 싸움의 무기로 얽히게 되어 더욱 상처를 받게 된다.

이러한 환경에서 성장한 아이는 화목한 가정에서 자란 아이보다 성적으로 적극적인 행동을 보인다. 특히 두 돌이 지나기 전에 부모의 이혼을 겪은 남성의 경우 성적으로 공격적인 양상을 띤다. 또 쾌락을 위

한 섹스에 관대하며, 여자 또한 화목한 가정에서 자란 경우보다 성적
으로 적극적이고 공격적이다.

문제 의식형과
해결 지향형

만약 나에게 감기를 예방할 수 있는
가장 좋은 방법을 알려달라고 한다면 이렇게 말할 것이다.

"충분한 휴식을 취하십시오. 피로한 몸은 병균을 막아낼 수 없기
때문입니다. 또 세균을 이겨낼 수 있도록 적당한 음식을 섭취해 몸을
건강하게 만드십시오."

손을 자주 씻고 되도록 입이나 눈을 만지지 않으면 세균에 감염되
는 것을 막을 수 있고, 칫솔을 정기적으로 새것으로 교체하면 감기와
싸우는 데 도움이 될 것이다.

여기서 내가 진정 묻고자 하는 것은 바로 '당장 감기에 걸리지 않는
데 집중할 것인가 아니면 꾸준히 건강을 유지하는 데 힘을 쏟을 것인
가?'이다. 미세한 차이인 듯하지만 매우 중요한 사항이다.

문제 의식형이든 해결 지향형이든 이혼에 대한 태도가 커다란 차이
를 만들 수 있다. 지금부터 이혼을 유발하는'세균'과 훌륭히 싸우기 위

한 몇 가지 아이디어를 제공하겠다.

이혼의 원인 : 3A

10년 전에는 한 해에 거의 1백만 쌍의 부부가 이혼을 했는데, 이는 20년 전의 2배에 해당하는 수입이다. 그리고 요즘은 10년 전의 2~3배에 육박한다.

분명 이혼할 때는 수많은 이유와 변명이 있다. 사무엘 워드 허턴이 엮은 《사제들의 결혼 입문서》를 보면 〈이혼의 원인〉이라는 장이 있다. 거기에는 간통이나 배우자 살인미수, 시체 유기와 같은 극도로 잔인하고 심각한 문제부터 시작해 별별 이혼 사유가 적혀 있다.

어쩌면 이러한 비극이 발생하는 것을 사전에 방지하기 위해 이혼을 결정하는지 모른다.

이혼을 원하는 사람들이 모여 단체를 결성해 합동 이혼을 하고, 《혼자 이혼하는 법》이라는 책까지 나오는 상황이니만큼 이혼의 실체를 정확히 살펴볼 필요가 있다.

나는 이혼의 원인을 3A로 설명하겠다. 이 세 가지 요인이 모든 걸 설명할 수는 없지만 다만 이를 알고 후속 조처를 따른다면 이혼 여부를 결정하는 데 많은 도움을 받을 수 있을 것이다.

첫째 : 간통

이혼의 가장 큰 원인은 간통이다.

다수의 결혼 세미나를 진행한 심리치료학자 레스 카터는 기혼 남성 가운데 약 40퍼센트가 외도를 한다고 말한다.

기혼 여성은 약 33퍼센트가 외도를 하며 가장 위험한 나이는 35~39세라고 이야기한다.

외도를 하는 가장 큰 이유 다음의 4가지였다.

- 표출되지 못한 분노
- 과도한 개인적 욕구
- 해방감과 자유에 대한 갈망
- 섹스에 대한 잘못된 관념

그렇다면 바람둥이 배우자와 결혼한 죄 없는 사람은 어떻게 해야 할 것인가? 이 물음에 성직자 스티븐 올포드 박사는 세상에 죄 없는 사람은 없을 거라 말한다.

"지난 28년간 3곳의 교회에서 봉직하며 과연 세상에 죄 없는 사람이 있는가? 의심하게 되었다."

분명한 것은 대부분 남편과 아내 모두에게 어느 정도 잘못이 있으며, 결혼을 유지하기 위해 더 노력할 수 있다는 것이다.

여기서 간통을 예방하기 위한 실질적이고 효과가 검증된 2가지 방법을 제시하겠다.

인정과 인식

배우자가 외도를 하는지 어떻게 알 수 있는가? 다음과 같은 위험신호가 드러난다.

- 배우자보다 친구, 동료와 많은 시간을 보내고 그들과 비밀을 갖는다.
- 특정한 한 사람(이성)과 자주 점심을 먹는다. 그리고 그 새로운 친구에 대해 물어 보면 방어적이 된다.
- 이성에 대해 환상에 빠진다. 눈을 두리번거린다.(특별히 멋지거나 아름다운 사람을 보면 자주 쳐다본다)

상담

전문가의 도움을 받는 것이 좋다. 잘 찾아보면 각종 단체에서 부부를 위한 무료 상담을 실시하고 있다.

사람들은 늘 금전적인 여유가 없다고 투덜대지만 휴대전화나 텔레비전 등 필요한 물건을 사들일 방법은 찾아낸다. 그렇다면 상담 비용을 감당하지 못할 리 없다. 문제는 상담비가 아님을 명심하라.

둘째 : 부재

부재는 결혼을 실패로 이끄는 원인이다. 바쁘게 돌아가는 현대사회에서의 생활이 가장 큰 주범이다. 아버지들은 인생을 회사에 바치는 일벌레로 변하고, 어머니들은 회사와 가정 일을 동시에 해내며 엄마 역할까지 감당해야 한다.

바쁜 일상 탓에 갈수록 부부는 각자의 일에 매달려 서로를 존재하지 않는 사람으로 취급하며 점차 상대의 말을 듣지 않게 되고 결국 서로에게 낯선 동거인이 되어 간다. 사이가 멀어지고 부재를 인정하게 되며 종국에는 별거가 현실이 되어버린다.

부재의 다른 이유를 하나 덧붙이면 크리스틴 위커가 말한 '나 먼저 가족'을 들 수 있다. 〈댈러스 모닝 뉴스〉의 특집 기사에서 위커는 미국 가족 가운데 80퍼센트가 이런 행동 양식을 보인다고 말한다.

"그들에게는 개인주의와 자기만족이 그 어느 것보다 중요하다."

위커는 다니엘 양 켈비치와 다른 사회 연구가들이 지난 30년간 시행한 설문 자료에 근거해 '나 먼저 가족'을 추구하는 이들은 다음과 같은 태도를 보인다고 말한다.

"내 경력에 아무 피해가 가지 않는 한 당신과의 결혼 생활을 유지하겠어."

"우리 결혼 생활이 내 성공을 방해해."

"아이가 생기면 지금 생활을 유지할 여유가 없을 거야."

텍사스 대학의 사회학과 부교수인 폴라 잉글랜드는 이렇게 말한다.

"여성들은 몹시 지쳤고, 2가지 딜레마에 빠져 있다. 일하는 여성은 자녀를 버려두고 있다고 생각하며, 전업주부는 집에서 자신의 능력과 경력을 포기하고 있다고 생각한다."

부재가 가져오는 또 다른 측면의 문제는, 마치 상품이 걸려 있기라도 한 듯 기를 쓰고 상대방의 결점을 찾으려고 하는 과정에서 발생한다.

남편과 아내가 서로에게서 더는 매력을 찾지 못하면 반대로 상대의 결점을 찾아 비난하려고 덤벼든다. 오랫동안 그들은 자신과 결혼한 이 '불량품'만 없어지면 삶의 모든 문제가 마법처럼 사라질 거라 스스로에게 위안한다. 즉 배우자가 없어지는 것이 문제를 온전히 해결하는 유일한 방법인 양 구는 것이다.

하지만 '싱글 맘, 싱글 대디' 모임에 3번만 참가해 보면 이혼이 몇 가지 문제를 해결해주기도 하지만 대부분 이혼 후 그전보다 더욱 풀기 어려운 문제가 새롭게 나타난다는 사실을 알게 된다.

로스앤젤레스 조정 재판소에서 상담사로 일하고 있는 프랭클린 C. 베일리는 자신의 사무실을 거쳐 간 수만 명에게 공통적으로 나타난 몇 가지 요인을 언급했다.

그는 결혼 생활의 문제는 섹스, 돈, 자녀, 친척 때문에 시작된다고 말한다. 그러나 소위 '도시에서 가장 바쁜 해체 작업소(이혼 재판소)' 옆에서 '가장 바쁜 수선소'를 운영하는 베일리 씨는 결혼 생활의 진짜 문제는 이기심과 탐욕이라고 지적했다.

나는 이런 문제를 부부가 함께 충분한 시간을 가지고 양적·질적으로 대화하고 즐긴다면 즉 부재에 대항해 싸운다면 극복할 수 있다고 믿는다.

결혼을 지키기 위해 필요한 2가지 조처를 여기서도 시도해 보아라. 문제를 인식하고, 필요하면 전문가에게 상담하는 것이다.

그전에 혹시 당신이 다음과 같은 경우는 아닌지 한번 체크해 보아라.

- 할 일이 없는데도 직장에서 많은 시간을 보낸다.
- 여유 시간이 생기면 가족과 함께 있기보다 혼자 어떤 취미 생활을 할지 궁리한다.
- 배우자가 얘기하는 것을 보고 있지만 무슨 말을 하는지 제대로 듣지 않는다.

- 가족과 함께 뭔가 하고 있으면서도 아무 열정 없이 그저 인형처럼 움직인다.
- 몸은 집에 있지만 마음은 딴 곳에 있다.

현재 상황을 제대로 인식하고 전문가와 상담을 하다 보면 문제의 증상보다 문제 자체에 집중하게 될 것이다. 그럼 결국 해결책도 찾게 된다.

셋째 : 학대 또는 남용

세 가지 원인 가운데 가장 나쁜 것은 학대와 남용이다. NCADV(가정폭력근절협회)가 발표한 통계에 따르면 3~4백만 명의 여성이 가정에서 남편이나 전남편 또는 애인에게 학대를 받는다고 한다.

이 분야의 전문가인 텍사스 대학의 심리학과 부교수 로버트 게프너 박사는 학대는 보통 서서히 진행된다고 한다.

대체로 처음에는 언어폭력으로 시작하다가 점차 신체적인 학대로 발전하는 것이다.

폭력을 사용하는 남성 가운데 단 10퍼센트만이 정신병자라는 조사 결과가 있다. 게프너 박사와 다른 전문가들의 말에 따르면 폭력을 휘두르는 남성이 모두 괴물은 아니라고 한다.

심리학자 콘스탄스 도렌은 학대 가해자의 60퍼센트가 과거에 직접 학대를 겪었거나 아버지가 어머니를 학대하는 모습을 목격한 경험이 있다고 말한다. 그들의 폭력은 습득된 행동이다. 어린 시절 폭행을 당했거나 그러한 힘이 행사되는 것을 보며 자랐기 때문에 잠재의식 속에 폭력을 정당한 것으로 받아들이게 된 것이다. 이렇듯 습득된 행동은 충분히 교정이 가능하다. 따라서 폭력 가해자는 무엇보다 상담이 우선되어야 한다. 학대는 이혼의 분명한 사유이지만 다르게 생각하면 여러 가지 면에서 해결할 수 있는 문제이다.

만약 당신이 배우자나 자기 자신, 자녀에게 조금이라도 애정을 가지고 있다면 이 같은 파괴적인 행위가 사라지도록 즉각 조치를 취해야 한다.

〈U.S. 뉴스 앤 월드 리포트〉에 실린 미니애폴리스 대학 연구서에 따르면 가족 구성원에게 폭력을 휘두르는 사람이 그 행동으로 체포될 경우 그에게 아무런 제재를 가하지 않았을 때보다 공격적인 행동이 절반으로 줄어든다고 한다. 곧 자신이 저지른 행위에 대해 그에 따른 처벌이 따른다는 사실을 알게 되면 자제하려고 애쓴다는 것이다.

화학적인 남용의 경우에는 치료만이 해결이다. 알코올중독이나 약물중독은 인증된 기관에서 제공하는 전문적인 치료를 받아야 한다.

언젠가 저절로 행동이 나아질 거라 참고 기다리는 것은 바보짓이다.

한 의사와 그의 아내

의사인 남편에게 주기적으로 심한 학대를 당한 부인이 있었다.

그 의사는 1년에 2번 정도 술에 취해 인사불성으로 집에 들어가 부인을 학대했다. 남편은 술이 깨고 나면 간밤의 일을 후회하며 자신이 무슨 짓을 했는지 모르겠다고 눈물을 흘리며 아내에게 용서를 구했다. 절대 다시는 손찌검을 하지 않겠다는 맹세에 착하고 헌신적인 아내는 여러 해 동안 남편을 눈감아주었다. 그렇게 아내는 불안과 긴장 속에서 몇 년을 보냈다.

그러던 어느 날, 전날 술에 취해 엉망이 되었던 남편이 잠에서 깨어났다. 아내는 소파에 조용히 앉아 있다가 일어나 남편에게 커피를 내밀었다. 그는 예의 사과와 변명, 간청과 눈물을 쏟아내었다. 그녀는 조용히 그 말을 듣고 차분히 입을 열었다.

"당신의 사과를 받아들이겠어요. 그리고 당신이 정말 나를 사랑하고, 자신이 한 짓을 모르고 있다고 믿을게요. 나는 아침 일찍 전문 사진작가의 스튜디오에 다녀왔어요. 거기서 여기저기 멍든 몸을 찍었어요. 필름은 안전 금고에 넣어 두었고, 만약 나한테 무슨 일이 생기면 그 필름과 지금까지 무슨 일이 벌어졌는지 상세하게 진술된 서류가 경찰서에 보내지도록 조치해 놨어요. 그러고 나서 당신 병원에 가서 환자 목록을 복사했어요. 앞으로 당신이 나를 또 때리면 어떻게 되는지 말해 둘게요. 먼저 아침에 찍은 사진을 의사협회와 당신 친구들, 우리가 알고 있는 모든 사람에게 보낼 거예요. 그다음 그 사진에 자세한 설명을 덧붙여서 당신의 환자들에게 보내겠어요."

그 후 남편은 다시는 아내를 학대하지 않았고, 부부는 상담을 통해 그간 쌓인 긴장을 풀고 따뜻하고 사랑이 넘치는 관계가 되었다.

여기서 2가지만 이야기하고 싶다. 첫째는 사람은 언제든 행동에 책임을 져야 한다는 것, 그러면 행동이 보다 신중해지리라는 점이고 둘째는 누구나 변할 수 있다는 것이다. 학대의 가해자와 피해자 두 사람 모두 지금보다 좋은 방향으로 나아갈 수 있다.

학대의 '경고 신호'를 인식하려면 다음과 같은 태도에 민감해져야 한다.

- 몸은 집에 있지만 마음은 딴 곳에 있다.
- 화를 억제하지 못한다.
- 생각하기 전에 말이 먼저 나온다.
- 문이나 책, 캐비닛, 서류를 거칠게 다룬다.
- 화가 날 때는 뭔가 치고 싶은 욕구를 느낀다.

후회 없는 이혼을
위한 5단계

끝내 이혼을 해야 한다면? 이혼으로 양쪽 모두 이득을 보려면? 이혼할 수 있는 정당한 이유를 찾으려면?

이혼할 수 있는 이유는 얼마든지 있다. 배우자가 아닌 사람과 문란한 성생활을 즐긴다든지, 정신적 문제가 있어 가족을 학대할 경우 이혼 사유가 충분하다. 아무리 어려운 상황이라도 관계가 긍정적으로 변화할 가능성은 존재하지만 그럼에도 이혼이 더 나은 선택이라 판단된다면 다음을 살펴보아라. 원만하게 이혼하고, 죄책감과 후회를 남기지 않는 방법이다.

정상회담

전화선과 텔레비전 코드를 뽑고, 식사는 밖에서 해결하고 최소 24시간 집안일 또는 신경 쓰이는 일에서 벗어난다.

처음 1시간 동안은 배우자와 마주 앉아 서로에 대한 불평을 종이에 적는다. 시간이 되면 다 적지 못했어도 종이를 교환한다. 이때 둘이 대화를 해서는 안 된다.

종이를 다 읽고 나서는 10장 맨 뒤의 'OK 목장의 결투'에 나오는 공정하게 싸우는 법에 따라 논의를 한다. 토론하는 데 충분히 시간을 들이고, 매시간 15분 동안 휴식을 갖는다. 이때 손을 잡는 것 이상으로 친밀한 행동은 하지 않도록 한다. 정상회담은 최소 8시간 진행되어야 한다.

결혼 상담 및 세미나

주말에 잠시 짬을 내 전문가에게 상담을 받거나 부부 관계에 관련한 세미나에 참석하는 것도 좋은 방법이다. 다른 부부의 생활은 어떤지, 그들은 문제를 어떻게 해결하는지, 전문가의 견해는 어떤지 등을 듣다 보면 자신의 삶과 결혼 생활에 지침으로 삼을 객관적인 도움을 얻게 될 것이다.

독서

결혼과 이혼, 남녀 간의 관계에 관련한 책을 읽어라. 책은 어떻게 힘든 상황을 헤쳐나가야 하는지에 대한 훌륭한 아이디어를 제공한다. 죄책감 없는 이혼을 위해서는 최소한 150페이지 이상 되는 책을 3권은 읽어야 한다.

개인 상담

먼저 자신을 위한 상담가를 찾고 그다음 배우자와 자신 두 사람을 위한 또 다른 상담가를 함께 찾아라. 상담가는 정식으로 교육받은 전문가여야 한다. 죄책감 없는 이혼을 위해서는 최소 6개월 동안 지속적인 상담이 필요하다.

이혼

위의 4단계를 전부 거치고 나면 이혼할 가능성이 낮아지지만 그럼에도 명백한 사유로 이혼을 고려한다면 이제 배우자의 결점을 찾아내거나 이혼을 구상하는 데 소비한 열정을 다른 데로 돌려 보아라. 배우자에게 효과적으로 구애하는 방법을 찾아내는 데 집중하는 것이다.

한 무명작가는 이런 말을 했다.

"결혼하기 전에는 두 눈을 크게 떠야 한다. 그러나 그 결혼을 계속 유지하려면 한쪽 눈은 감아야 한다."

배우자의 결점이나 독특한 버릇은 반만 보아야 한다는 뜻이다. 그렇지만 배우자의 장점이나 사랑스러운 부분은 눈을 크게 뜨고 봐야 한다.

이혼의 이유

여자
1. 가정 폭력(35.9%)
2. 기타 혼인을 계속하기 어려운 중대한 사유(경제 갈등, 생활 무능력, 성격 차이, 빚, 배우자의 이혼 강요, 장기 별거 등이 우선순위임)(35.4%)
3. 남편의 외도(19%)

남자
1. 기타 혼인을 계속하기 어려운 중대한 사유(성격 차이, 배우자의 이혼 강요, 장기 별거, 경제 갈등・생활양식 및 가치관 차이, 불성실한 생활 등이 우선순위임)(47.6%)
2. 아내의 가출(24.7%)
3. 아내로부터 부당한 대우(14.5%)

여자의 이혼 사유 1위인 가정 폭력은, 폭력이 증가했다기보다 경미한 폭력이라도 일단 피해를 입으면 상담 등을 통해 적극적으로 대응하려는 태도가 강해진 것으로 보인다.

남자의 경우, 아내의 가출을 호소하는 비율이 증가했는데 이 또한 남편의 폭력과 관련지을 수 있다. 폭력이 있을 때 여성들은 대부분 처음에는 친정으로 피해 도움을 구하는데 만약 남편이 친정 식구에게까지 폭력과 협박을 일삼으면 결국 아무에게도 거처를 알리지 않고 쉼터 등으로 몸을 숨기게 된다.

아내의 가출 초기에는 남편의 폭력 사실이 더 크게 부각되지만 시간이 지나면 점차 남편의 폭력 사실은 잊히는 반면 아내의 가출이 부각되어 아내가 유책 배우자로 몰리는 경우가 많다.

'성격 차이'를 문제 삼는 경우는 예년에 비해 감소했는데 이는 부부 갈등이 더 구체적으로 세분화되었기 때문으로 보인다. 즉, 과거에는 상대와 잘 맞지 않으면 무조건 성격 차이로 단정 짓는 경향이 있었지만 근래에는 '경제 갈등, 불신, 성적 갈등, 중독, 인터넷 관련' 등 사유가 구체화되었다.

이 밖의 이혼 사유는 한집에 살면서 수년간 서로 말을 섞지 않는 경우가 있었다. 이미 가정으로서의 기능을 상실했지만 자녀나 부모, 주위 사람들의 시선을 의식해 단지 서류상의 혼인 관계를 유지한다.

(출처) 한국가정법률상담소

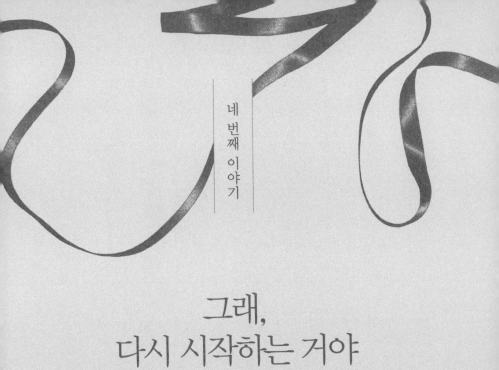

그래,
다시 시작하는 거야

긴 인생도 남자와 여자가 서로를 이해할 수 있을 만큼 충분히 길지 않다.
이해하는 것이 바로 사랑하는 것이다.

조지 트루잇

만약 지금의 배우자와 다시 처음으로 돌아가 연애를 시작한다면

두 사람은 가장 먼저 무엇을 할까.

결혼 생활이 왜 행복하지 않았는지 서로의 잘잘못을 따지고 들까?

아마 대다수가 자신은 아무 잘못이 없고 오로지 상대를 탓할 것이다.

남에게 잘못을 뒤집어씌우는 일은 자신의 잘못을 인정하는 것보다

쉽기 때문이다.

문제를 서로의 탓으로 돌리다 보면 잦은 다툼이 일어난다.

어떤 문제이든 그 책임은 아내와 남편 둘 다에게 있다.

어떻든 두 사람이 함께 결정한 일이기 때문이다.

정작 중요한 건 자신의 잘못을 인정하는 일도 누구를 탓하고

원망하는 일도 아니라

잘못된 원인을 찾아 바로잡는 것이다.

더는 사랑하지
않는다

"처음 마음으로 돌아가라고요? 말은 누가 못해요."

잠깐, 다시 기억을 더듬어 보아라. 뻔한 해결책이라고 생각하겠지만 실제 실행에 옮겨본 일이 있는가? 한때 사랑에 눈멀었던 사람들의 이야기를 들어보자.

"그 사람과 함께 라는 사실만으로 온 세상이 아름다워 보였어요. 그가 없이는 살아갈 수 없다고 생각했죠."

"반짝이는 사람이었죠. 지금은 눈엣가시 같지만요."

"더는 그 사람과 살 수 없어요."

심리학자 조지 W. 크레인은 이렇게 말했다.

"배우자에 대한 사랑이 식었다면 처음 사랑을 느껴 구애하던 그때로 돌아가 보세요. 다시 사랑을 구하면, 당신은 그와 사랑에 빠질 것입니다."

현재 결혼 생활이 어떻든 간에 처음부터 다시 연애를 시작할 필요가 있다. 다시 시작한다고 손해 볼 일이 없고 잘되면 좀 더 나은 결혼 생활이 될 테니까 말이다.

우리는 임무 지향적인 사회에 살고 있다. 아이들이 신발 끈 매는 법을 배우면 임무 완료. 사회 초년생이 직장을 구하면 임무 완료. 과장, 부사장, 사장이 되기 위한 목표를 세우고 그 자리에 오르면 임무 완료. 새집 장만 계획을 세우고 이를 실행에 옮기면 임무 완료. 노인이 유언을 남기고 생을 달리하면 임무 완료. 평생 '할 일' 목록을 만들고 그 임무를 완수하고 자신을 점검하면서 살아가는 것이다.

아무리 삶의 전 과정이 임무를 완수하는 경로라 하더라도 구애만은 예외이다. 구애는 현재 진행형으로, 끝이 존재하지 않는다. 그럼 다시 구애를 하려면 뭘 어떻게 해야 하는 것일까? 그 문제에 대한 답은 심리학자 로버트 우볼딩의 질문으로 대신하고자 한다.

"당신은 결혼 생활을 악화시키는 행동을 알고 있나요?"

"네."라고 대답하면 다음 질문이 이어진다.

"그럼 결혼 생활을 좋게 만드는 행동도 알고 있나요?"

먼저 질문에 '네'라고 답했다면 이 질문에 대한 답 역시 "네."라고 답하게 될 것이다.

사랑을 꿈꾸던
그날에는

"사랑이 무르익을 무렵, 그녀를 만

나러 가는 길은 마냥 설레고 긴장했습니다. 심장이 두근거려 전날 밤 잠을 이루지 못하고 약속 당일 일찍 일어나 나갈 채비를 서둘렀습니다. 그런데 왜 자꾸만 늦어지는지. 혹시 그녀가 먼저 나와 기다리지 않을까 생각하면 마음이 타들어 갑니다. 조금이라도 약속 장소에 빨리 도착하려고 허둥대다 보면 어느새 식은땀이 절로 흐릅니다. 드디어 도착했습니다. 다행히 아직 그녀가 오지 않았습니다. 안도의 숨을 내쉬고 얼른 옷매무새를 가다듬고 머리를 정돈하는 사이 그녀가 왔습니다. 나비가 팔랑거리듯 사뿐사뿐한 걸음으로 나를 향해 다가오며 이 세상에서 가장 아름다운 미소를 짓습니다. 순간 나는 그녀에게 매료되어 세상의 소리에 귀를 막고 온정신을 내 앞에 있는 한 사람에게 집중합니다.

그녀와 영화를 보러 갑니다. 서둘러 팝콘을 먹어치우고 두 손을 자유롭게 합니다. 그리고 기지개를 켜는 척하며 천천히 손을 들어 올립니다. 그녀의 어깨를 감싸 안은 팔이 조심스럽습니다. 혹여 그녀가 화들짝 놀라며 싫어하지 않을까 눈을 굴리는데 그녀는 영화에 집중했는지 별 기색이 없습니다. 싫지는 않은 것 같아 다행입니다.

저녁을 먹기 위해 근처 분위기 좋은 식당에 들어가 구석진 곳에 자리를 잡았습니다. 우리는 음식을 먹는 일보다 서로를 바라보기 바쁩니다. 이때만큼은 주변의 와자지껄한 소리도 들리지 않습니다. 우리

둘만 있는 듯 그녀와 함께 하면 세상의 모든 소음이 차단됩니다. 이대로 시간이 멈추었으면 좋겠습니다. 이 사람과 같이 있으면 아무 말하지 않고 몇 시간이고 그저 바라보는 것도 괜찮지 않을까 생각합니다.

그녀는 조잘조잘 떠드는 모습도 사랑스럽습니다. 맑은 목소리는 귓가를 간질이죠. 그녀는 남의 이야기도 잘 들어줍니다. 제가 무슨 이야기를 하든 환하게 웃으며 재미있다고 말합니다."

그날, 그 두근거림을 기억할 수 있는가? 그 사람 말고는 아무것도 생각할 수 없을 정도로 사랑에 벅찼던 그때를 기억하는가? 그러한 연애를 하고 어느 날, 당신은 결혼을 했다. 그리고 문제가 시작된다. 이는 열역학 제2법칙으로 설명할 수 있다. '에너지의 투입과 산출이 없는 고립된 물질계는 결국 종말을 맞는다.' 마찬가지로 결혼은 변화를 통해 발전해나가지 않으면 즉 서로 시간과 에너지를 투입하지 않으면 관계는 거기서 멈추고 결국 끝이 난다.

그 사람을 만나 연애를 하고 결혼을 하고 현재 생활하는 모든 일이 순리대로 자연스럽게 이루어진 것 같지만 모든 행동은 당신이 의도한 대로 드러나는 것이다. 이를테면 당신은 사랑을 시작하기 위해 그가 마음을 눈치챌 만한 어떠한 행동을 분명 보였을 것이고, 관계를 발전시키기 위해 무언가 적극적인 말과 행동을 했을 것이다. 그녀와 손을 잡기 위해, 그에게 데이트 약속을 받아내기 위해 자신이 했던 사소한 말과 행동을 떠올리면 모든 일은 저절로 일어난 것이 아니라 전부 자신이 실행한 것임을 알 수 있다.

마찬가지로 관계를 끝내는 것도 자신이 한 행동의 결과이다. 천천히 조금씩 열정을 사그라뜨리고 그 안에 권태와 우울을 집어넣어 상대를 귀찮고 무의미한 존재로 만들어 관계를 끊어냈을 것이다. 본능적으로 이끌렸든 서로에게 너무 익숙해져 무관심이 불러들인 결과이든 무엇 때문에 이러한 일이 일어났는지는 중요하지 않다.

위기에 처한 관계를 깨끗이 정리하기 전에 다시 한번 상대에게 충실하도록 노력하는 일이 우선되어야 한다. 서로에 대해 모든 것을 알아버렸다 생각하고 상대를 무능력하고 무기력한 사람으로 몰아간 것은 아닌지 돌이켜 보아라. 제멋대로 이끌어낸 결과를 현실로 인정하기 시작하면 결국 그동안 쌓아온 소중한 관계가 한 번에 무너져 내릴지 모른다.

관계를 유지시키는
올바른 태도

애정이 바탕이 된 결혼 생활은 '올바

른 태도'를 갖는 데 달려 있다. 결혼은 사람을 옭아매는 답답한 덩굴이 아닌 보호해 주고 희망을 가져다주는 든든한 줄기임을 명심해야 한다. 삶에 웃음을 주는 사람을 만나 그를 사랑하고 신뢰하는 법을 배우고 용기를 얻고 함께 발전해 나갈 수 있는 터전을 마련하는 일이다. 인생의 동반자를 만나 팀을 이루면 혼자일 때보다 더 많은 일을 해낼 수 있다.

리처드 퍼맨 박사는 저서 《친밀한 남편》에서 이렇게 말했다.

"아내는 남편에게 이런 것을 바랍니다. 아내의 말을 잘 들어주고 이해해주고, 안정된 직업이 있고, 독립심과 자신감 및 성취력이 강하고, 적극적이면서 겸손하고, 더 나은 결혼 생활을 위해 노력하는 모습입니다."

결혼 생활은 부부가 함께 노력하지 않는 한 절대 나아지지 않는다. 반면 두 사람이 관계를 개선하기 위해 적극적으로 나서면 작은 실행에도 놀라운 변화가 일어난다.

수많은 설문 결과를 보면 '행복하다는 느낌'에 가장 영향을 미치는 것은 명성이나 재산, 훌륭한 직업 심지어 건강이 아닌 행복한 결혼 생활이라는 통계가 있다.

훌륭한 결혼 생활 자체가 수단이 아닌 목적이 되는 것, 그것이 바로 행복을 바라는 올바른 태도이다.

자, 이제 예전처럼 부부가 다정한 관계로 돌아가기 위한 결혼 생활 태도를 보다 심도 깊고 주의 깊게 알아보자.

결혼은 서로를 감싸고 위하는 울타리이다. 결혼을 함으로써 사랑하는 사람이 곁에서 안전을 지켜주기에 결혼 전보다 본인의 일에 더욱 전념할 수 있다. 결혼 생활에서 배우자는 당신이 남에게 책임을 전가하거나 탓하기보다는 먼저 책임감을 가져주길 바란다.

배우자 존중하기

휴스턴 애스트로스에서 텍사스 레인저스로 이적한 놀란 라이언은 42세의 나이에도 200개가 넘는 삼진아웃과 뛰어난 방어율을 보여주었다. 그는 1년 계약을 했기 때문에 구단에서는 서둘러 계약을 연장하려고 들었다. 모든 이가 그가 시즌에 5,000번째 삼진아웃이란 역사적인 기록을 세웠기에 연봉이 1백만 달러 이상 오를 거라 예상했다.

놀란은 뭐든 아내와 상의해 결정했다. 레인저스와의 계약을 수락하기 전에도 아내와 모든 장단점을 따져보고, 여러 사람이 텍사스 농업 장관에 나가라고 부추길 때도 아내와 의논해 시기가 적절하지 않다고 결론을 내렸다.

기업의 최고 경영자는 누구나 결정을 할 때 수석 보좌관과 충분한

협의를 거친다. 놀란 역시 아내에게 자신의 일상에 일어나는 모든 사소한 일을 알리고 그녀와 대화를 했다. 두 사람은 부부이자 친구 같은 사이로 그는 그녀의 의견을 매우 존중했다.

배우자와 친구 되기

함께 만들어가는 결혼 생활에서 가장 중요한 요소는 상대에게 최고의 친구가 되어주는 것이다. 심리학자들은 가장 행복하며 굳건한 결혼 생활에서 배우자는 연인이자 동반자의 역할뿐 아니라 최고의 친구가 된다고 말한다.

부부는 함께 한 세월이 흐를수록 우정이 깊어지고 서로 닮아간다. 125쌍의 부부를 조사한 결과 점차 서로의 지성과 직관력, 운전 습관 등이 비슷해짐을 발견할 수 있었다. 심지어 어떤 부부는 생김새까지 닮아간다.

앨런 맥기니스 박사는 저서 《우정의 요소》에서 점차 우정의 개념이 사라지고 있다고 지적하며 가장 큰 원인을 유동적인 사회로 꼽았다. 이러한 경향은 가장 좋은 친구가 되어야 할 남편과 아내 사이 또한 방해하고 있다.

심오하고 오랜 우정을 만드는 데는 많은 시간이 걸린다. 부부가 서로에게 많은 시간을 투자한다면 그 대가는 기대 이상으로 나타날 것이다. 그 누구보다 배우자와 가장 좋은 친구가 될 수 있다.

일부 전문가가 주장하는 '양적으로 많은 시간보다는 질적으로 친밀한 시간'이라는 개념은 많은 이들의 결혼 생활을 파괴한 무서운 이론이다.

닉 스티닛박사가 실시한 조사를 보면 '자신의 결혼 생활이 굳건하며 친밀하다'라고 생각하는 부부 가운데 90퍼센트 이상이 함께 많은 시간을 보낸다고 한다. 반대로 이혼한 부부들은 별거 전 함께 보낸 시간이 거의 없음이 밝혀졌다. 그렇다면 결론은 '다시 시작하고 싶다면' 많은 시간을 함께 보내는 게 아닐까 한다.

모래성 쌓기

어느 해 여름날 세 딸과 사위, 아들과 며느리, 손자와 함께 사우스캐롤라이나의 머틀 비치로 가족 여행을 갔다. 커다란 집을 빌려 편안하고 재미있는 휴가를 보냈는데 무엇보다 기억에 남은 추억은 모래성 쌓기였다.

몇 시간 동안 온 가족이 힘을 모아 2미터 길이에 폭 1.5미터, 높이 1미터의 모래성에 성문, 탑, 계단, 창고, 침실까지 만들었다.

모래성을 쌓으며 우리는 웃고 떠들고 사진을 찍었다. 그 순간 그 장소에 모인 우리는 하나의 작업을 함께 하며 서로에게 특별한 친근감을 가졌다.

온종일 힘을 모아 쌓은 모래성이 밀물에 쓸려갈 때 우리는 카타르시스를 경험하며 박수를 치고 탄성을 지르고 사랑하는 사람과 함께 느끼는 그 감정에 이루 말할 수 없는 행복을 만끽했다.

지극히 단순한 일을 하면서도 즐거운 시간을 보낼 수 있다. 어떤 특별한 장소에 가야만 가능한 것이 아니다. 그곳이 어디든 함께 시간을 보내는 것만으로 부부는 진정한 우정을 다질 수 있다.

서약

서약의 주요성과 효과는 25년 이상 결혼 생활을 지속한 부부 또는 다시 결혼해도 같은 사람과 하겠다는 부부를 대상으로 조사한 설문 결과에서 잘 알 수 있다.

이들 대다수가 결혼을 '평생의 약속'이라 믿고 확신하며 이는 인생에서 좋을 때나 싫을 때나 그 약속을 100퍼센트 지켜야 하는 것임을 알고 있었다.

'서약한다.'는 신뢰하고 맹세하며 의무를 지키겠다고 약속하는 것이다. 제임스 올티우스 박사는 이렇게 말했다.

"결혼한 부부가 두 사람의 관계가 인생을 건 영원한 신뢰라고 생각하지 않는다면 그들은 영원한 위기에서 살게 되고, 상대방에게 관대해질 수 없으며, 싸우고 서로 모욕하며, 심하지 않은 비난에도 참을 수 없게 된다."

리처드 도빈즈 박사는 "접착테이프를 계속해서 사용할 수는 없다."는 재치 있는 표현을 했다. 우수한 강력 접착테이프라도 한번 붙였다 뜯어내고 다시 붙이면 비록 여전히 붙기는 하지만 접착력이 떨어진다는 것이다. 요점은 첫 번째 결혼이 그 어떤 관계보다 두 사람을 가장 가깝고 강력하게 붙여놓거나 묶어놓을 수 있다는 의미이다.

제임스 도브슨 주니어 박사는 어머니 머틀 조지아 딜링햄과 아버지 제임스 도브슨의 이야기를 통해 훌륭한 서약의 예를 보여주고, 두 사람의 차이에도 불구하고 결혼이 왜 그렇게 좋은지 알려주었다.

"지금 하려는 결혼 서약에 대한 나의 생각을 이해하고 알아주기를 바랍니다. 내가 어려서부터 받은 가르침에 따르면 결혼 서약은 신성불가침한 것이며 이것으로 내 삶은 온전히 당신과 엮일 것입니다. 어떤 이유에서든 이혼을 한다는 것은 결코 생각해본 일이 없습니다. 나는 세상일에 대해 아무것도 모르는 순진한 사람이 아닙니다. 앞으로 우리가 불화나 예상하지 못한 상황으로 극심한 정신적 고통을 당할 수 있다고 생각합니다. 만약 그렇게 된다면 나는 지금 하고 있는 서약에 따른 책임을 다하여 그것을 받아들이고 우리가 함께 하는 그날까지 견디어내도록 하겠습니다. 나는 당신을 진심으로 사랑하고 앞으로도 나의 반려자인 당신을 언제나 사랑할 것입니다. 무엇보다도 나는 당신을 사랑하기에 우리 삶의 가장 큰 목적인 현재의 행복을 위험에 빠뜨리는 일은 결코 하지 않을 것입니다. 서로에 대한 우리의 사랑이 완전하며 영원하기를 기도합니다."

겨우 스물세 살 청년이 어쩌면 이토록 성숙한 서약을 할 수 있었을까? 어떻게 영원을 자신할 수 있었을까? 분명한 것은 그가 자신의 지혜나 소망에 의존해 이 서약을 했다면 그 말은 공허한 약속에 지나지 않으리라는 사실이다(오늘날 50퍼센트가 넘는 이혼율은 남성들이 좋은 의도를 관철하는 데 실패했음을 증명한다). 그렇지만 그는 자신이 한 약속을 지켰다. 제임스와 머틀은 죽음이 그들을 갈라놓을 때까지 43년간 결혼 생활을 지속했다.

물론 그들이 모든 순간 완벽한 축복만을 누린 건 아니다. 그들은 마치 낮과 밤처럼 서로 다른 성격을 가지고 있었다. 그는 사색적이고 내성적인 데 반해 그녀는 활동적이고 외향적이었고, 그는 지적이고 수줍은 성격이지만 그녀는 현실적이고 사교적이었다. 친척 가운데 누구는 그들에 대해 이렇게 말했다.

"제임스는 다른 사람과 함께 있는 것도 좋아하지만 혼자 그림을 그리거나 책을 읽고 연구하는 쪽을 더 좋아했어요. 반대로 머틀은 사람을 좋아하고, 모든 일에 참여하고 어떤 모임이나 대화에도 빠지고 싶어 하지 않았죠."

그들은 차이를 극복하기 위해 엄청난 노력을 했다.

아들인 제임스 도브슨 주니어 박사는 이렇게 말했다.

"두 분은 서로에게 충실했지만 개성이 강했고 모든 사물을 다른 관점에서 보았습니다. 그렇지만 아주 중요한 결정을 내려야 할 때는 어머니가 아버지의 주장에 따랐어요. 아버지를 무척 존경하셨으니까요. 그런데 아주 사소한 일들 이를테면 트렁크에 어떻게 짐을 꾸릴지 혹은 어떤 호텔에 묵을지 결정하는 데는 끊임없이 논쟁을 하셨죠. 그렇게 해서 두 분이 동의한 결론은 언제나 훌륭했어요."

나에게는 서른아홉에 갑자기 세상을 뜬 친구가 있다. 그는 정말 이상한 결혼 생활을 했다. 친구 부부는 결혼 생활을 유지하고 싶어 했고 그러기 위해 각종 상담을 받고

자신들이 할 수 있는 모든 노력을 다했지만 끝내 별거에 들어갔다. 그와 부인은 따로 놓고 보면 각각 좋은 사람이었지만 그 점은 결혼 생활에 별 도움이 되지 않았다.

친구가 죽고 얼마 지나지 않아 그의 부인과 깊은 이야기를 나눌 기회가 생겼다. 그 자리에서 그녀는 놀라운 사실을 털어놓았다. 실은 남편이 죽기 몇 달 전 관계를 회복해 모든 것을 함께 나누었다고 말하였다.

그녀는 부부가 함께 한 기쁨과 흥분, 황홀감을 이야기했다. 다른 사

람은 단 하루도 느껴보지 못할 그런 행복을 경험했고, 자식들 또한 부모가 보여준 애정 어린 모습을 평생 기억할 것이라고 말했다.

그들이 단 몇 달의 시간이라도 함께 행복을 누릴 수 있었던 건 정녕 마지막이 되기 전 다시 한번 관계를 회복하려는 노력을 했기 때문일 것이다. 그렇지만 현실에는 너무나 많은 사람이 일찍 실망하고 포기해 행복을 놓쳐버린다.

어떤 카운슬러는 이런 말을 했다.

"침몰하는 배의 갑판은 청소할 수 없다."

어떤 결혼은 상태가 악화되어 복구가 불가능한 경우도 있지만 저는 이렇게 말하고 싶다.

"갑판을 볼 게 아니라 엔진실로 가세요. 물이 어디서 새는지 원인을 찾고 그걸 막을 수 있는 방법을 실행하세요."

서약은 영원함을 전제로 하며 앞으로의 결혼 생활에 어떠한 어려움이 생기더라도 감수하겠다는 결단을 뜻한다. 저의 어머니는 이런 말을 하셨다.

"모든 일에는 세 가지 측면이 있단다. 남자의 입장, 여자의 입장 그리고 공정한 입장이다."

헤어져야 할 구실을 찾을 게 아니라 서로의 입장을 이해하고 관계를 이어나갈 이유를 찾으려 하면 결국 발견할 수 있다. 그렇다면 어디에서부터 어떻게 찾아야 하는가?

토대를 다시 쌓는다

토대로 삼을 기본적인 서약과 기반이 있다면 모든 결혼이 행복하게 유지될 수 있다고 확신한다. 블랙풋 인디언의 말처럼 썩은 나무로 조각을 할 수는 없기 때문이다.

몇 년 전 오랜 친구인 제임스와 주아넬티그 부부가 은혼식을 하며 나에게 결혼 서약문을 써 줄 것을 부탁했다. 행사를 계획하고 준비하며 서약의 개념을 다시금 깊이 생각하게 되었다.

서약은 사적 의미로 '엄숙한 동의, 협정, 성경에 기록된 신의 약속'이다. 결혼이란 너무나 신성한 일이고 그런 서약을 다시 언급한다는 것은 너무나 중요하기에 신중을 기울였다. 여기 그 서약문이 있다.

서약서

(두 사람이 공유하는 하나의 사랑)

우리 두 사람 _____ 와(과) _____ (은)는 하나가 되기로 했기에 성공적이고 행복하며 영원한 결혼을 원합니다. 그러기 위해 우리는 평생 서로를 존중하고 격려하며 후원하기로 맹세합니다. 더 나아가 우리의 결혼 서약과 이 신성한 맹세를 지킴으로써 결혼의 성공과 행복, 영속성을 지키기로 동의합니다.

결혼 생활이 험난하고 여러 문제가 발생하기에 우리는 진정으로 서약한 남편과 아내가 하느님의 도움으로 아름다운 결혼 생활을 영위하고 사랑 속에서 발전해나갈 것임을 약속합니다.

결혼은 하느님이 정해주시고 축복을 내려주신다고 믿기에 우리는 하느님과 서로에게 사랑과 성실을 맹세합니다. 인간이 연약하기에 우리는 하느님이 우리를 사랑하시고 영화롭게 하시며 용서해주신 것처럼 더욱 서로를 사랑하고 영화롭게 용서할 것을 서약합니다.

하느님이 우리를 맺어주신 것에 감사드리며, 하느님의 섭리로 우리 결혼을 보살펴주시고 서로에게 가한 상처를 감싸주시길 소망합니다. 이제 우리가 하느님께 완전한 결혼을 서약하므로 주님의 가호 아래 최고의 순간이 펼쳐지리라는 것을 확신합니다.

우리가 이 신성한 서약을 경건하게 거행하는 이유는 이런 맹세와 과정이 '두 사람이 공유하는 하나의 사랑'을 보다 행복하고 영원하게 만들어준다는 것을 전적으로 확신하기 때문입니다.

신랑 _____ 신부 _____

인생의 동반자가
되어라

에드먼드 힐러리 경과 그의 역사적인 에베레스트 등반에 대한 이야기는 동반자와 우정에 대한 아주 좋은 예이다.

에드먼드 경은 최초로 에베레스트 정상을 정복했다. 당시 그는 혼자가 아니었다. 곁에는 믿음직한 셰르파(히말라야 산을 안내해주는 가이드) 텐싱이 있었다. 정상을 정복한 후 에드먼드 경은 산에서 내려오는 도중 발을 헛디뎌 추락의 위기를 겪었다. 그때 텐싱이 그의 목숨을 구했다. 텐싱은 그에 대한 특별한 대가를 전부 사양했다. 당연히 해야 할 일을 한 것뿐이라며 단지 이렇게 말했다.

"등산가들은 언제나 서로를 돕는다."

결혼한 부부도 마찬가지로 항상 서로를 도와야 한다. 다른 사람이 원하는 것을 얻을 수 있도록 도우면 당신도 인생에서 원하는 모든 것을 얻을 수 있다.

배우자를 도울 수 있을 만큼 충분히 가까워지고 항상 곁에 있어 준다면 다시 새로운 출발을 할 수 있다. 다시 시작하는 것은 힘들지만 즐겁고 신나는 일이다.

잘 사는 부부의 특징

서로에 대해 관심을 갖고 있다

상대방에 대해 많이 안다는 것은 그만큼 서로에게 관심이 있다는 뜻이다. 배우자가 자신을 잘 알고 있는 것만큼 기분 좋은 일은 없다. 더워서 입맛이 없다고 하면 저녁에 특별한 반찬이 올라온다든지, 배우자 부모님의 생일 선물을 먼저 챙길 때 부부는 서로에게 고마움을 느낀다.

서로에게 끌리고 존중하는 면을 가진다

행복한 부부는 아무리 화나고 불만족스러워도 과거 상대방에게 느꼈던 존중하는 감정을 유지한다. 좋아하고 존중하는 마음은 배우자를 선택한 중요한 이유이자 부부를 계속 함께 하게 만드는 힘이다.

생활을 함께 나누려는 의식적인 노력을 한다

부부 사이의 정서적 교류는 다가가기, 시비 걸기, 외면하기가 있다. "컨디션도 별로고 추석 때 일할 생각하니 답답하다."라고 할 때 "내가 운전할 테니 잠깐 쉬어."라고 하면 다가가기, "혼자 고생하는 것도 아닌데 왜 그래."라고 하면 시비, "아버님 어머님 드릴 용돈 챙겼어?"라고 물으면 외면이다. 시비보다 외면이 더 나쁘다.

싸우고 난 뒤에 화해를 잘한다

부부 싸움에도 브레이크가 필요하다. 형식적이라도 "이 표현을 하면 화해 시도로 알고 화 풀자."고 약속을 해두자. 손을 들거나 눈을 감는 등 어색하고 인위적이라도 이런 게 있으면 화를 가라앉히는 데 도움이 된다.

문제 제기를 잔소리로 시작하지 않는다
첫말이 잔소리이면 듣는 사람도 짜증이 나서 다툼이 커진다. "당신이 하는 게 그렇지.", "정신을 어디다 두고 사는 거야.", "도대체 내 생각은 안 해?" 등 문제와 상관없는 잔소리는 삼간다.

아내의 의견을 무시하지 않고 받아들인다
통계로 볼 때, 남편이 독단적일 경우 약 80퍼센트가 파국을 맞는다. 아내의 말을 흘려듣고, 아내보다 부모님 의견을 우선하고, 집안의 모든 결정을 혼자 한다면 부부 사이는 점점 나빠진다.

공동의 꿈을 만들고 서로의 꿈을 이해한다
상대의 꿈은 과거의 경험에서 비롯되고 이 꿈을 통해 갈등의 원인을 찾을 수 있다. 부부가 함께 이루고자 하는 가장 가치 있는 인생 목표 세 가지를 적어보고 그 목표를 이루기 위한 역할 분담과 협력 방안을 이야기하다 보면 대부분 문제가 풀린다.

(출처) 한국결혼지능연구소

Courtship after Marriage

사랑한다 말하고
행동으로 보여라

만약 당신이 어떤 일을 하고 싶어 하고 하려는 의지를 가지고 있으며
충분히 오랜 시간 노력한다면 날마다 조금씩 해나갈 수 있게 된다.

윌리엄 E. 홀

사소한 일이 쌓여 큰 차이가 생겨난다.

때로는 극적인 차이를 만들어내기도 한다.

배우자에게 매일 한마디씩 악담을 퍼부으며 "당신은 길고 긴 겨울

같아!"라고 말하는 것과 매일 한마디씩 칭찬을 나누며 "당신은 봄날 같은 사

람이야."라고 말하는 것은 어마어마한 차이가 있다.

더구나 매일 이러한 일이 반복되어 오랜 시간이 흐르면 어떠한 방식으로 서

로를 대했느냐에 따라 부부 관계에 많은 변화가 일어날 것이다.

배우자에게 하루에 한마디씩 따스한 말을 건네 보아라.

날마다 조금씩 노력함으로써 두 사람의 관계가 크게 변화할 수 있다.

내키지 않아도 일단 시도해 보아라.

시작이 어떻든 행동하면 결과가 나오게 되어 있다. 감정은 행동을

따르기 때문이다.

사랑 요리법

아이가 어렸을 때 학교에서 받아온 레시피가 하나 있다. 요리의 주제는 '행복한 결혼'이다.

> **주재료** 사랑 1컵, 성실 2컵, 용서 3컵, 신뢰 1병, 웃음 1병, 포옹.
>
> **양념** 친절, 이해심, 애정, 우정, 희망.
>
> ① 사랑, 성실함, 용서, 신뢰를 한데 넣고 섞는다.
>
> ② ①에 친절, 이해심, 애정, 우정, 희망의 양념을 붓는다.
>
> ③ ②에 웃음을 풍성하게 토핑하고 햇볕에 굽는다.
>
> ④ 잘 구워진 ③을 수많은 포옹으로 장식한다.

결혼 생활은 단순한 지침 하나에 좌우된다. 배우자가 나에게 해주었으면 하고 바라는 것을 그대로 상대에게 해주면 된다. 먼저 행동에 옮기는 것이 가장 중요하다.

사소한 일이 큰 차이를 만든다

아내는 남편에게 맛있는 음식을 만들어주거나 그가 좋아하는 특식을 준비한다. 본인이나 자녀가 그 음식을 좋아하는지 그렇지 않은지는 중요하지 않다. 오로지 남편을 위해, 그를 사랑하는 마음으로 음식을 만들어라. 그를 위한 도시락을 준비할 때는 그 안에 따뜻한 메모를 함께 넣어 식은 음식이 조금이라도 데워지도록 한다. 또, 남편이 일을 마치고 집에 돌아오면 그를 기쁘게 반기며 얼마나 기다리고 있었는지 알려준다. 뭘 그리 과장해 행동하느냐 생각할 수 있지만 이런 사소함이 쌓여 커다란 차이를 만든다.

남편은 아내에게 하루에 한 번은 전화를 건다. 아무리 업무가 바빠도 안부 전화를 걸 짬을 내는 건 별로 어렵지 않다. 항상 아내로 하여금 존중받고 있음을 느끼게 한다. 차 문을 열어주거나 식당에서 의자를 빼주는 등 매너 있게 행동한다. 별일 아닌 듯하지만 이러한 행동은 아내와 그 모습을 지켜보는 다른 이들에게 이렇게 소리치는 것과 같다.

"이 사람은 아주 특별합니다. 나는 아내를 사랑하고, 그녀는 너무나 소중한 사람이기에 위해 이런 사소한 일을 하는 것이 무척 기쁩니다. 이 사람은 내 연인입니다."

과연 그깟 일에 기뻐하겠느냐고, 시간 낭비일 뿐이라고, 혼자 충분히 할 수 있는 일에 왜 신경을 써야 하느냐고 반박하는 사람도 있을 것이다. 그럼, 거꾸로 생각해 보아라.

남편들도 각자 알아서 식사를 준비하고, 수저를 챙기고, 물을 가져다 마실 수 있다. 그렇지만 아내가 미리 준비해주기 때문에 가만히 앉아서 편하게 식사를 할 수 있는 것이다. 아내의 이러한 행동이 당연하게 여겨진다면 당신도 당연히 아내를 배려하는 모습을 보여야 한다. 서로 배려할수록 두 사람 모두 즐거워진다.

꼭 차 문을 열어주고 의자를 빼줄 필요는 없다. 다만, 원칙을 이해해야 한다.

정원의 잔디를 깎는 일을 지독히 싫어하는 친구가 있었다. 그런데 그는 다행히도 잔디 깎는 일을 즐기는 여자와 사랑에 빠졌다. 대개 정원 손질은 남자 몫이라 여기지만 이 부부는 서로를 기쁘게 하기 위해 역할을 바꿨다. 부인이 정원의 잔디를 깎고 그동안 남편은 아내가 마실 시원한 음료를 준비하는 것이다.

서로를 이해하는 데서 비롯하는 '사소한 배려'를 실천하면 어떤 결혼 생활이든 간에 발전할 가능성이 충분하며, 변함없이 낭만을 유지할 수 있다. 그 배려 안에 상대를 향한 사랑의 감정이 가득 담겨 있다면 금상첨화일 것이다.

가정의 자원봉사자로 나서라

어느 곳보다 봉사와 헌신이 필요한 곳이 가정이다. 배우자가 힘든 하루를 보냈거나 막중한 일에 시달리는 모습을 보면 먼저 이렇게 이야기해 본다.

"집안일은 내가 할 게 당신은 여기 앉아서 편히 쉬어."

배우자를 편하게 해주고, 자신의 인생과 결혼 생활을 행복하게 할 수 있는 방법은 많이 있다. 만약 남편과 아내가 맞벌이를 한다면 자녀를 돌보는 일, 저녁 식사를 준비하는 일, 청소를 하는 일은 '여성의 몫'이 아니다. 가족 모두에게 책임이 있다.

4인 가정이라면 4명이 집을 어지럽히고 일거리를 만들어내는데 만일 그 일을 아내 혼자 처리해야 한다면 그건 감당하기 불가능한 짐을 지우는 것과 같다. 가족이 한 팀으로 행동해야 한 사람만 지치지 않는다.

고맙다고 말해라

배우자가 당신이 고마워해야 할 어떤 일을 해주었을 때 진심 어린 '감사의 말'을 하는 것은 매우 중요하다.

"그건 당연히 그(혹은 그녀)가 해야 할 일이야."

이렇게 생각한다면 바로 거기서 불화가 생기고 다음부터는 배우자가 그 일을 하려고 들지 않거나, 한다 해도 성의껏 하지 않게 된다. 아주 사소한 일이라도 도움을 주었다면 고맙다고 말한다. 결과가 훨씬 좋아진다.

다음과 같은 경우에 "고마워요, 여보!"라고 말한다.

- 술 마시고 들어온 다음 날 시원한 해장국을 끓여줄 때

- 집에서 급히 회사 업무를 처리하는데 조용히 있어줄 때

- 어머니에게 맡겨놓은 아이를 집에 데려와줄 때

- 맛있는 음식을 해줄 때

- 동창회 모임에 다녀올 동안 아이를 봐줄 때

- 밥상을 차려줄 때

- 세탁소에 들러 옷을 찾아와줄 때

- 드라마를 볼 수 있도록 축구 경기를 포기해줄 때

- 차에서 무거운 장바구니를 내려 들어줄 때

위에 나온 경우는 몇 가지 예에 지나지 않는다. 나의 어머니는 항상 이렇게 말하셨다.

"우리는 부자나 천재가 될 수 없을지 몰라도 친절하고 예의 바른 사람은 될 수 있다."

재계나 정계의 수많은 지도자를 만나며 알게 된 사실은 높은 위치에 있는 사람은 남녀를 불문하고 거의 예외 없이 정중하고 예의가 바르다는 것이다.

이를 보면 드 살레의 말이 맞다는 것을 알 수 있다.

"부드러움보다 강한 것은 없다. 또한 진정으로 강한 것보다 부드러

운 것은 없다."

미안하다고 말하자

완고한 거만함이라 보는 게 정확할 만큼 고집스레 자존심을 내세우는
많은 남편과 아내가 성숙하지 못한 행동을 자주 한다. 자신에게는 잘
못이 없고 배우자의 멍청한 행동이 문제라는 것이다.

"아내가 잔소리를 안 하고 조금만 따뜻하게 대해주면 왜 집에 빨리
안 들어가겠어? 가도 반겨주는 사람이 없는데 뭐 하러 일찍 가. 그러
니 매일 술이나 마시는 거지……."

"매일 술 마시고 늦게 들어오는 남편 뭐 예쁘다고 따뜻하게 대해.
일찍 와서 집안일 좀 돕고 애들이랑 놀아주고 그러면 없던 애정도 생
겨날 텐데……."

명심해라. 갈등이 생겼을 때 먼저 화해를 시도하는 것은 전혀 자존
심 상하는 일이 아니다. 먼저 시도하는 사람이 승리하는 것이다. 인격
적으로 성숙하며 애정과 이해심이 넘치는 결혼 생활을 이끌어갈 사랑
이 충만한 사람이다. 잘못했다면 즉시 이렇게 말한다.

"미안해, 여보. 내가 잘못했어. 용서해주겠어?"

당신의 결혼 생활에 획기적인 변화가 생길 것이다.

다른 이들에게 자랑하라

배우자를 누군가에게 소개하는 모습에서 그 부부의 관계에 대해 많은 것을 추측할 수 있다. 나는 다른 사람들에게 내 아내를 이렇게 소개한다.

"내 아내 진입니다. 제가 언제나 말하는 바로 그 사람입니다. 난 아내를 사랑하고, 그녀를 아내라고 소개할 수 있어 무척 기쁩니다."

지그 지글러 재단의 '승리를 위하여'라는 세미나에서 우리는 아내와 남편이 서로를 다른 3쌍의 부부에게 소개하는 행동을 실습했다. 이때 각자 배우자의 장점을 적어도 한 가지씩 언급해 3쌍의 부부에게 각각 '새로운' 소개를 해야 한다. 난 아내의 아름다운 미소와 직관력, 섬세한 성격을 말했다. 사실 말하고 싶은 것이 너무 많아 고르기 힘들었다.

남편과 아내가 배우자를 진심으로 자랑스러워할 때 관계가 발전할 수 있다. 배우자를 자랑스러워하는 마음은 겉으로 드러내 표현해야 한다. 그러면 자랑할 만한 점을 더욱 많이 발견하게 되어 결국 두 사람의 관계가 훨씬 좋아진다.

잠시 여행을 떠나라

친한 친구인 필과 캐롤 글래스고는 부부 관계를 극적으로 향상시킬 새로운 시도를 했다.

필은 캐롤이 어린 세 자녀를 돌보느라 정신없이 집안일을 하는 모습을 보고 이따금 일상에 변화를 주면 아이들이나 캐롤, 필 모두에게 좋을 거라는 생각을 했다.

그 변화는 1년에 한 차례 캐롤 혼자 5~6일간 여행을 떠나는 것이었다. 그리고 그들은 매년 이 계획을 실행했다. 아내는 아름다운 리조트나 호텔에 머물며 실컷 늦잠을 자고 룸서비스를 받고 사우나와 수영장에서 느긋하게 시간을 보내는 사이 필은 집에서 아이를 돌보았다.

필과 캐롤은 이 계획이 지금껏 자신들이 결정한 일 가운데 단연 최고라고 말한다.

재충전을 마친 아내는 편안하고 여유로운 상태가 되며, 자신의 목을 감싸는 아이들의 작은 팔과 남편이 그리워진다. 남편은 아내의 일을 대신하며 새삼 아내에게 고마워하고, 그녀를 만나 결혼하게 된 것을 기뻐한다.

더 단순한 방법도 있다. 또 다른 친구가 아내에게 받은 결혼기념일 선물이다. 그가 일에 지쳐 집에 도착했을 때 아내가 말했다.

"여보, 오늘밤은 식사 전에 웨이터를 불러야겠어요."

그녀는 남편을 댈러스에서 가장 좋은 호텔로 데려갔다. 편안하고 특별한 밤을 보내기 위해 예약한 것이다.

이와 비슷하게 남편이 좋아하는 음식을 만들어 놓거나 아내가 가고 싶어 하던 레스토랑을 예약할 수 있다.

경제적으로 부담이 된다면 비용은 덜 들지만 효과적인 방법이 있다. 정기적으로 아내에게 온종일 자유를 주는 것이다. 남편은 아침 일찍 일어나 식사를 준비하고 아이를 보살피고, 아내는 친구를 만나 쇼핑을 하고 외식을 하며 오직 자신만을 위한 하루를 만끽하는 것이다.

이런 방법은 상대에게 새로운 존경과 존중의 마음을 갖게 한다. 아이들 역시 엄마와 하던 일을 아빠와 하면서 더욱 친밀감을 쌓고 서로에 대해 많은 것을 알아가게 된다.

정기적으로 멋진 데이트를 하거나 짧은 주말여행을 떠날 수도 있다. 이것으로 서로에게 100퍼센트 시간과 관심을 쏟아붓는 계기를 만들고 서로를 격려해줄 수 있다.

시간을 어디에서 어떻게 보내는지보다 상대를 위한 시간을 만드는 것 자체가 중요하다.

또 정기적으로 산책이나 운동을 함께 하는 것도 좋다. 이를 통해 대화를 나눌 기회가 자주 마련될 것이다.

때로 텔레비전을 끄고 상대방에게 시간과 관심을 집중하는 시간을 가지는 것도 필요하다. 상대의 눈을 바라보며 그가 얼마나 소중한 존재인지 알려준다.

가정에 투자하라, 높은 이자가 보장된다

남편이여, 아내가 쇼핑을 가거나 자녀가 잠시 외출했을 때 집을 청소하고 멋진 저녁을 준비해 놓는다. 2~3시간의 투자가 다른 어떤 예금보다 많은 이자를 돌려줄 것이다.

아내여, 남편이 정성껏 만들어놓은 음식을 앞에 두고 '왜 이런 쓸데없는 짓을 했어, 집안 꼴은 이게 뭐야, 나가서 사 먹고 말지 아휴 돈 아까워'라는 말은 절대 하지 마라.

비록 어느 프랑스레스토랑 주방장의 솜씨와 견줄 만하지 않아도 그의 노력에 감사의 마음을 표현하고 근사한 말을 건네라. 결국 남자는 사랑하는 사람에게 칭찬을 듣고 싶어 한다.

섹스에서도 마찬가지이다. 극단적인 친밀함 속에 남편과 아내가 결합되는 성행위는 부부 관계의 가장 아름답고 의미 있는 측면이다. 서로를 위한 사소한 배려가 부부 사이의 성적인 부분과는 별 상관없는 듯 보여도 관계의 모든 측면은 친절함과 사려 깊고 부드러운 행동으로 발전한다.

어서 오세요, 여보

전국에 강연을 다니느라 출장이 잦다. 대개 세미나는 오후 늦게 시작되기에 끝나면 밤 10시가 되고는 한다. 3~4시간 세미나를 하면 체력이 소진되어 무척 피곤한데 그럼에도 오전 2시 이전에 도착할 수 있다면 집으로 돌아간다.

힘든 일을 마치고 삭막한 호텔 객실에서 엎어져 자는 것보다 열정적으로 나를 맞아주는 사랑스러운 이가 있는 집이 편하기 때문이다. 아내는 4분을 자고 있었든 4시간을 자고 있었든 언제나 따뜻한 포옹으로 나를 반기며 집에 돌아와서 기쁘다고 말해준다.

평범한 경우가 아님을 알고 있다. 모든 부부가 언제나 기분 좋을 수 없고, 또 깊은 잠에서 깨어나 남편을 맞이하는 일이 늘 기쁘고 즐겁지는 않다.

그렇지만 아내는 예외 없이 나를 반깁니다. 그렇기에 단 몇 시간이라도 함께 밤을 보내고, 아침에 눈을 뜨고 싶어 하는 것이다.

나 또한 아내를 반긴다. 우리는 심지어 슈퍼마켓에 다녀온 뒤에도 반갑게 맞으며 가벼운 포옹과 키스를 나눈다.

만약 처음 구애한 그때처럼 배우자를 항상 사랑스럽고 애정 어리게 맞이한다면 어느 부부든 로맨스의 불꽃이 유지될 수 있지 않을까 한다.

함께 웃고 함께
사랑한다

　　　　　모든 게 서둘러 흐르는 세상에서 생동감 있고 개방적이며 사랑이 넘치는 관계를 유지시켜주는 가장 효과적인 도구는 유머 감각이다.

대개 사람들은 코미디언만이 유머를 하고 즐긴다고 생각하는데 내가 알고 있는 이들 중 가장 유머 감각이 뛰어난 사람은 바로 나의 아내이다. 그녀는 실없이 놀리거나 장난으로 말하지 않지만 인생의 여러 상황에서 사소한 유머를 발견해 진정한 웃음을 안겨준다.

아내의 곁에 있는 사람은 언제나 웃음을 터뜨린다. 전화 통화에서도 이런 일이 자주 일어난다. 어느 누구든 아내와 통화하는 내내 터지는 웃음을 참지 못한다.

유머가 미치는 영향을 연구한 적이 있기에 나 역시 개인적인 생활과 사회생활에 자연스럽고 효과적으로 유머를 사용한다. 농담을 하고 가끔 짓궂은 장난을 치고 재치 있는 말장난을 한다.

재미있게 말하거나 유머를 기억하는 능력과 상관없이 유머 감각을 가지고 모든 일을 즐기면 결혼 생활이 한층 풍요로워질 수 있다.

지그 지글러 재단의 결혼 세미나에서는 부부들에게 '함께 웃으라'고 권한다. 유머를 이용하면 웃을 일이 생기기 때문이다. 훌륭한 유머집을 참고해 자신만의 유머를 개발해 보아라.

웃음은 정신적인 혜택뿐 아니라 육체적으로도 실질적인 도움을 준다. 노먼 커즌스는 저서 《질병의 해부》에서 배에서 울려 나오는 진짜 웃음은 내장이 조깅하는 것과 같다고 했다.

그는 생존 확률이 100분의 1이라고 진단받고 치료법 가운데 하나로 웃음을 이용했다. 손쉬운 방법으로 자신이 좋아하는 코미디언이나 배우가 나오는 영화를 즐겨 봤다. 웃음은 그의 생활 태도에 지대한 영향을 미쳤고 희망과 용기를 불어넣었으며 실질적으로 건강을 회복하는 데 도움이 되었다.

여기서 유머와 웃음은 이상한 행동이나 저질스러운 말이 아닌 건전하고 깔끔한 내용을 말한다. 남을 헐뜯고 비꼬는 농담이 아닌 모두가 이해하고 즐길 수 있는, 일상생활에서 벌어지는 코미디를 말한다.

내 친구 아이작 박사는 우리가 유머 감각을 개발시켜야 하는 훌륭한 이유를 말해주었다.

"웃음은 가장 위대한 정신 강장제다. 인간이 표현할 수 있는 강력한 감정의 첫째가 사랑이고 둘째가 바로 웃음이다. 웃음은 두려움을 없애고 긴장 · 우울 · 공포 · 불안을 완화시킨다. 또한 회복을 돕는다. 웃음은 의학적으로나 심리적, 사회적 심지어 정신적으로 이익을 가져다준다.

크게 웃으면 내부 장기가 조깅하는 것과 같은 효과가 있다. 호흡기관을 튼튼히 하고 체내에 산소를 공급하며 긴장된 근육을 이완시키고 모든 고통을 덜어준다. 또한 맥박과 혈압을 낮춘다.

웃음은 인생에 새롭고 흥미로운 관점을 제시하고, 인종과 문화의 장벽을 뛰어넘는 범우주적인 통신 매체다.

웃음은 저칼로리에 카페인이 없고 염분도 없으며 중독되는 것도 아니고 100퍼센트 천연산이자 모든 이에게 맞는 사이즈다. 웃음은 진실로 신의 선물이다. 우리는 웃음으로 최고의 환희를 얻을 수 있다.

웃음은 전염된다. 한번 웃음이 터지면 막을 방법이 없다. 웃음은 하나의 흐름을 만든다. 아침에 웃을 일이 생기면 그날은 온종일 웃게 된다. 웃음은 기분을 나쁘게 하거나 범죄를 유도하거나 전쟁을 일으키거나 관계를 망가뜨리지 않는다. 웃음은 주는 사람과 받는 사람 모두에게 공유된다. 웃음은 공짜고 세금도 없다.

웃음을 가장 건설적으로 사용하는 것은 자기 자신을 웃음의 대상으로 삼을 때다. 스스로 웃음의 대상이 되길 자처하면 그는 다른 사람에게 웃음거리로 이용되지 않는다.

유머는 날마다 발전할 수 있다. 우리는 단지 잠시 멈춰서 생각하고 올바른 관점으로 주위를 둘러보며 기쁨을 나눌 수 있는 이유를 발견하려고 노력하면 되는 것이다.

누구나 내면에 광대가 있다. 그 광대는 인생이란 즐거운 것이고 살아갈 만한 가치가 있음을 느끼는 바로 그 일면일지 모른다. 그 광대는 다른 사람을 필요로 하고 타인과 조화를 이루며 살아가려고 한다. 그 광대는 알록달록한 옷을 입고 호화롭게 치장한 얼굴이 아닌 단지 잃은 것을 되살리는 모습이면 된다.

웃음은 삶에 생기를 불어넣는다. 웃을 수 없다면 미칠 것이다. 웃을 수 없다면 긴장과 불안만 남을 것이다."

유머 감각을 계발하고 즐기기 위해 일부러 농담을 하고 연기할 필요는 없다. 유머 감각을 소박한 낙관주의와 결합해 보아라.

옛 격언에 "함께 웃을 수 있는 부부는 함께 사랑하고 영원히 함께 살 것이다."라고 했다.

내가 선물을 가져왔어요

"우리는 남이 자신을 이해하길, 중요

하게 여기길 바란다."

모든 사람은 밸런타인데이, 크리스마스, 생일 등의 특별한 기념일에 누군가 자신을 기억해주길 바란다. 그까짓게 별거냐고 말하는 사람이라도 아무도 생일을 축하해주지 않으면 꽤 쓸쓸할 것이다.

글을 적다 말고 잠시 아내에게 받은 생일카드를 꺼내 보았다. 앞장에는 2마리의 작고 코믹한 동물이 서로를 보며 '키스-키스', '포옹-포옹'이라고 말하고 있다. 그 밑에는 '내 남편에게'라고 쓴 아내의 글씨가 보인다. 카드를 펼치면 하트를 머리에 얹은 만화 캐릭터가 나온다. 그리고 그 아래 아내의 메시지가 있다.

"생일 축하해요. 당신의 귀여운 사랑으로부터."

'당신의'라는 말. 나는 감동했다. 곧 '난 당신 거예요'라는 의미이고 결국 '당신은 내 거예요'라는 단호한 표현이기 때문이다.

딱히 특별한 날이 아니라도 가끔 배우자를 챙겨 보아라.

짧막한 편지나 꽃 한 송이를 건네고, 전화를 걸어 그대를 얼마나 사랑하는지 말해 보아라. 큰돈을 들이지 않고도 최고의 효과를 낼 수 있다.

선물을 하는 것만큼 선물을 받을 때의 태도 또한 중요하다. 마음에 들지 않는 선물이라도 그 안에 담긴 애정을 알아주어야 한다. 상대는 당신을 즐겁게 해주고 싶은 마음으로 고심하며 선물을 골랐을 것이다.

남편이여, 아내의 선물을 그날 바로 사용하라. 아무렇게 처박아 두었다가 아내가 그것을 치우게 되는 일은 없어야 한다. 또, 아내가 사준 옷이 마음에 들지 않아도 가끔 입어라. 별일 아니지만 이는 '나를 사랑해주고 생각해줘서 고마워'라고 간접적으로 전하는 수단이 된다.

아내여, 만약 남편이 이상한 옷이나 향수를 선물하더라도 불평하지 마라. 그 또한 선물을 고르는 내내 오직 당신만 생각했을 것이다.

특히 절대 하지 말아야 할 행동은 바로 상대를 비난하는 것이다.

어느 남편이 아내에게 초록색 스웨터를 선물했다. 그런데 아내는 기뻐하기는커녕 버럭 화를 냈다.

"내 사이즈도 몰라? 작아서 이걸 어떻게 입어. 색깔은 이게 뭐야? 우중충하게!"

아내는 남편에게 한번 제대로 말해야 그다음부터 실수하지 않을 거라는 판단에 강하게 밀어붙인 것인데 결과는 그녀의 예상과 많이 달랐다. 남편은 아내의 말에 용기를 잃고 의기소침해져서 다시는 그녀에게 선물하지 않았다. 대신 돈을 던지며 알아서 사라고 냉랭히 말했다.

나는 결혼 생활 50년간 아내에게 수많은 선물을 했는데 한 번도 실패한 일이 없다. 옷을 사면 사이즈가 딱 맞고, 잘 어울리는 색깔을 골랐다. 매번 그녀는 기뻐하며 고맙다고 말했다.

사실 내가 잘한 게 아니라 아내가 그걸 맞는 사이즈나 색깔, 원하는 물건으로 자신의 마음을 바꾼 것이었다. 그녀는 내 기분을 좋게하고, 또 선물하고 싶게끔 만들어주었다. 곧 아내가 내게 얼마나 중요한 사람인지 표현하는 그 일을 계속할 수 있도록 용기를 불어넣어준 것이다.

다이아몬드든 싸구려든 물건이 뭐든 중요한 건 그 안에 담긴 마음이다. 핸슬롯 경이 말했듯, 주는 사람이 없는 선물은 아무런 의미가 없다. 어떤 시인은 그것을 이렇게 아름다운 말로 표현했다.

"반지와 보석은 선물이 아니지만 사과의 말은 선물이 된다. 유일하게 진실된 선물은 주는 이의 일부인 것이다."

결혼 전보다 결혼 후에 사랑을 표현하는 일이 더욱 어려울지 모른다. 그렇지만 결혼 후에는 사소한 말과 행동만으로 진심 어린 애정을 드러내 보여줄 수 있고 이는 어마어마한 대가를 가져올 것이다.

그건 쉬운 일이 아니라고 말하기 전에 그 반대의 경우를 생각해 보아라. 한번 어긋난 결혼 생활을 복구하는 일보다 사랑하는 관계를 유지하는 것이 훨씬 간단하다.

부부 사랑 표현법

첫째

어떤 사람에게는 손으로 쓰다듬고 포옹하며 안아주는 '스킨십'이 사랑의 표현이 된다.

둘째

어떤 사람에게는 "미안해.", "괜찮아.", "고마워.", "잘했어.", "사랑해.", "나는 네가 좋아."와 같은 사과, 칭찬, 격려, 애정 등을 언어로 표현하는 것이 사랑의 표현이 된다. 남편은 아내로부터 인정받을 때 최선을 다하고, 아내는 남편의 애정을 확인할 때 최선을 다하게 된다.

셋째

어떤 사람에게는 '선물'이 중요한 사랑의 표현이 된다. 남편은 아내에게 값비싼 물건을 사주어야 사랑이 전달된다고 생각하지만, 아내는 선물의 크고 작음에 관계없이 자상한 관심이 배어 있는 선물을 가장 큰 사랑의 표현으로 여긴다.

넷째

어떤 사람에게는 '봉사의 손길'이 사랑의 표현이 될 수 있다. 방 청소를 하거나, 설거지를 대신하는 것, 무거운 짐을 대신 들어주는 등 봉사의 손길이 사랑의 표현이 될 수 있다.

다섯째

어떤 사람에게는 '시간을 함께 보내는 것'이 사랑의 표현일 수 있다. 함께 외식을 하거나, 영화를 보러 가면서 자신의 말을 경청해줄 때 사랑을 받는다고 느낀다.

부부는 사랑 안에서 진실을 말하는 방법을 배워야 한다. 어떤 말, 어떤 행위, 어떤 태도가 자신에게 사랑을 느끼게 하는지 솔직히 알리고 확인하는 것이 서로에게 중요하다.

〈출처〉 게리 채프먼 〈5가지 사랑의 언어〉

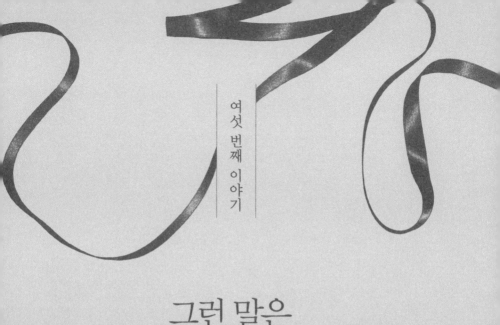

여섯 번째 이야기

그런 말은
하지 않았잖아

우리에게 가장 중요한 것은 단 두 가지. 가족의 사랑과 이해다.
경우에 합당한 말은 아로새긴 은쟁반에 금사과이니라.

잠언 25장 11절

한 부부가 결혼 50주년을 맞아 성대한 금혼식을 올리고
집으로 돌아와 둘만의 시간을 가졌다.
그들은 매일 밤 간단히 야식을 즐기고 잠자리에 드는 습관이 있어,
남편이 토스트를 준비하고 아내를 불렀다.
그런데 부인은 남편이 차려놓은 음식을 보더니 갑자기
눈물을 흘리기 시작했다.
남편은 어리둥절하고 걱정스러운 맘에 아내를 다독였다.
"갑자기 왜 그러는 거야? 무슨 일이야?"
"지난 50년간 나는 매일 밤 식빵 끄트머리만 먹었어요.
오늘 같은 날은 나를 조금만 배려할 수 없었나요?"
남편은 한참 말이 없다가 조용히 입을 열었다.
"식빵 끄트머리는 내가 가장 좋아하는 부분인데, 여보."
남편은 그 부분이 제일 맛있어서 아내에게 주었는데 그
녀는 맛없는 부분을 준 것이라 생각한 것이다.
서로 좋아하는 것과 싫어하는 것을 충분히 이야기했다면
이런 비극은 피할 수 있었을 것이다.
결혼 생활에서 취향이나 사물에 대한 의견을 말하지 않아 생기는
오해가 상당하다. 실로 엄청난 수의 부부가 대화를 나누는 데
익숙하지 못하다.

세세한 일을 말하자

전혀 놀랍지 않겠지만 남자와 여자는 다르다. 그 한 예가 대화에서의 차이이다.

어린아이들에게 몰래 마이크를 장착하고 들어본 결과 여자아이가 남자아이보다 말을 많이 하고 더 논리적이며 발음도 명료하고 알아듣기 쉽게 말했다.

보통 하루에 여성은 25,000단어를, 남성은 10,000단어를 말한다고 한다. 또 낮 동안 남자와 여자 모두 평균 9,000단어를 말한다고 한다.

종합하면 남자는 밤이 되면 단어 저장고가 파산이 나고 여자는 그때부터 밤새워 이야기해도 남아돌 만큼의 단어가 가득 차 있는 셈이다.

아내는 때때로 남편에게 사랑한다고 말하고, 이 같은 말을 들어야 할 필요가 있다. 어떤 사람은 아내에게 사랑한다는 말을 언제 해야 하느냐고 묻는다. 그 대답은 이렇다.

"다른 사람이 하기 전에 해야죠."

어떤 이는 아내를 너무나 사랑해 아무리 고백해도 모자르다는 반면 어떤 이는 결혼 생활 20년간 아내에게 사랑한다는 말을 한 번도 하지 않았으면서 아내에게 사랑한다고 말한 다른 남자를 총으로 쏘아 죽인 일도 있다.

몇몇 감수성이 풍부한 남성은 중요한 내용이든 그렇지 않든 사사건
건 이야기를 함으로써 아내의 욕구를 충족시켜준다. 또 아내가 자신
의 감정을 드러내고 말을 할 때 관심을 가지고 들어준다.

그렇지만 대개 남자는 말을 적게 하고 듣는 것도 잘 못하는 데 반해
여자는 말을 많이 하고 많이 들으려 한다. 여자는 남자에 비해 세세한
생활사나 잡담 등에 관심이 많고, 대화를 통해 자신의 가치를 확인하
고 싶어 한다.

아내와 내가 어려움을 느끼는 부분도 커뮤니케이션이다. 언젠가
회사의 중역들과 4시간이 넘는 회의를 한 적이 있었다. 끝나고 집에
돌아가자 아내가 물었다.

"어떻게 됐어요?"

"잘됐어."

"뭐가 잘됐다는 거예요?"

"음…… 광고나 DM에 대한 세부사항을 토론하고, 몇 가지 신상품
에 대해 이야기하고 새로운 홍보 아이디어를 내고. 그게 다 잘됐다는
거야."

그녀는 미간을 찌푸리더니 이렇게 말했다.

"여보, 그것보다는 더 잘 말할 수 있지 않아요? 4시간이나 회의를

했는데 나한테 말하는 데 1분도 걸리지 않네요."

부부가 자주 대화를 나누며 상대방이 원하는 것이 무엇이고 그 사람이 행복해지기 위해 자신이 무엇을 할 수 있는지 생각한다면 서로에게 보다 발전된 모습을 보일 수 있을 것이다.

또, 남자와 여자는 관심 분야와 감성 또한 다르다. 이러한 차이는 관계를 더 좋아지게 할 수도 나빠지게 만들 수도 있는데 본질적으로 다르다는 것이 틀린 건 아니라는 점을 명심해야 한다.

차이는 서로가 독특한 존재라는 것을 의미한다. 남편과 아내가 상대의 개성을 인정하고 서로를 대한다면 보다 낭만적인 관계로 발전할 수 있는 기회가 많아질 것이다.

말하는 데
인색하지 마라

토마스 칼라일은 말을 무척 중요하게 생각했지만 그가 때때로 무시하던 아내가 죽기 전까지는 진짜 중요성을 깨닫지 못했다. 그의 일기에서 지금까지 들어본 말 가운데 가장 슬픈 문장을 볼 수 있다.

"아, 당신이 내 옆에 5분만 있어줄 수 있다면 나는 모든 걸 말해줄 텐데."

C. S. 루이스는 《시편에 대한 상념》에서 이렇게 말했다.

"연인들이 서로가 얼마나 아름다운지 계속 말하는 건 입에 발린 찬사가 아니다. 말로 표현되기 전까지 기쁨은 완전할 수 없다. 새로운 작가를 발견했는데 그가 얼마나 괜찮은지 다른 사람에게 말할 수 없을 때, 여행을 하다가 갑자기 예상 밖의 뛰어난 장관을 보았는데 함께 있는 사람은 그것을 도랑에 빠진 깡통만큼도 감탄스러워하지 않아 침묵을 지켜야 할 때, 재미있는 농담을 들었는데 함께 웃을 수 있는 사람이 없을 때만큼 우리를 좌절시키는 경우는 없다."

어느 시인은 표현하지 않는 사랑은 사랑이 아니라고 했다. 그 말이 꼭 맞는 건 아니지만 나는 많은 부부가 서로 사랑하면서도 그 사랑을 확신하지 못함을 알고 있다.

배우자가 표현을 잘하지 않는 사람이라면 그가 진정으로 사랑하고 있는지 아닌지는 순전히 어림짐작으로밖에 알 수 없다.

많은 사람이 단지 감정을 말로 전하는데 익숙지 않을 뿐이며 다른 방법으로 사랑을 표현한다고 변명한다. 그렇지만 대개 남자는 아내와 성적인 접촉을 하지 않는 한 자신의 감정이나 애정을 증명하지 못한다. 그럼 아내는 자신이 사랑받고 있는 게 아니라 이용당한다고 느낄 수 있다.

사랑을 표현하는 행동이나 증거가 될 물건도 중요하지만 배우자는 진정으로 사랑받고 있음을 말로 듣고 싶어 한다. 직접 이야기할 수 없다면 메모를 이용해도 좋다.

자신에게 표현력이 없다고 생각한다면 어떻게 배우자에게 청혼하고 결혼에 이르렀는지를 떠올려보자. 의사소통 능력에 문제가 있는 게 아니라 의사소통을 하려는 의지가 없고 귀찮아하는 건 아닌지 생각해 보아라.

슬프게도 많은 부부가 심지어 오랫동안 결혼 생활을 한 부부조차 일상생활에서 일어나는 사소한 일에 대해 대화를 하는 데 어려움을 겪는다.

대화가 단절되는 가장 큰 이유는 먼저 말을 꺼낸 사람이 자신의 감정이나 생각을 마무리하기 전에 방해를 받기 때문이다. 잘 안다는 이유로 상대의 말을 멋대로 해석하고 중간에 끊어내는 것이다. 방해를 한 사람은 자신에게 그런 나쁜 버릇이 있다는 것조차 모른다. 이렇게 생각 없는 행동은 상대를 화나게 하고 대화의 맥을 끊어버린다.

많은 부부가 "말해 봤자 무슨 소용이 있어."라는 말을 한다. 대화를 계속하려는 노력 자체를 포기한 것이다.

부부간 커뮤니케이션에 문제가 있다는 징후가 보이거든 배우자에게 편지를 써서 쉽게 눈에 띄는 곳에 붙여두어라. 이렇게 하면 조심스럽고 덜 감정적으로 자신의 마음 상태를 전할 수 있다. 또 글로 하는 대화는 문제를 해결하고 대화의 장을 열고자 하는 의지와 열성을 드러내 준다.

편지를 쓸 때는 오랫동안 질질 끌어온 지루한 문제를 나열하는 것이 아니라 배우자에게 좀 더 가까이 다가서고 싶은 바람을 사랑스럽고 진실되게 전해야 한다.

무엇보다 배우자를 비난하지 않도록 주의하라. 대신 자신의 관심과 감정, 현재 인식하고 있는 문제에 대해 언급해라. 다음과 같은 문장을 사용해 보아라.

- 당신과 대화하려는 노력이 벽에 부딪힐 때마다 속상해.
- 다른 사람은 괜찮은데 왜 당신과 대화할 때는 어려움을 느끼는 걸까?
- 왜 이런 일이 일어났는지 이해할 수 있도록 도와줘. 우리의 문제를 해결하려면 뭘 해야 할까?
- 당신을 비난할 생각은 없어. 그저 우리 사이에 문제가 있다고 말하고 싶을 뿐이야. 그걸 해결하고 사랑을 지키고 싶어.
- 난 걱정을 적절히 표현할 수 없을 때 특히 우리에게 너무나 중요한 일에 대해 관심을 표현할 수 없을 때 속상해.

여기에 적힌 말을 그대로 따라 한다고 문제가 해결되지는 않는다. 이를 참고해 자신의 문제에 맞게 수정한 뒤 상대에게 진지한 태도로 얘기해야 한다.

만약 '감정의 순간'에 앞서 주의 깊게 말을 선택해 사용한다면 결혼 생활은 훨씬 나아질 것이다.

잘못했다면
먼저 사과하라

실수를 했다면 용기를 내서 사과하세요. 말로 표현하기 힘들면 간단한 메모를 남기거나 문자 메시지를 보내라.

"오늘 아침에 짜증 내서 미안해. 앞으로 잘할게.

p.s 어제 저녁은 정말 맛있었어. 당신 요리는 최고야!"

추신에는 오직 사실만 써야 한다. 과장된 아첨은 도움이 되지 않는다.

실수를 인정하고 용서를 구할 때는 부드럽고 애정 어린 태도가 가장 중요하다. 그럼 상대방도 당신을 이해하고 두 사람은 보다 개방적이고 사랑이 넘치는 관계를 맺게 된다. 그러나 지나칠 정도로 솔직한 사람이나 모든 것을 다 보여주려는 사람은 어떤 관계에서든 불행을 초래한다.

청취의 기술 7가지

커뮤니케이션은 제대로 말하는 것과 듣는 것 둘 다를 포함한다. 어떤 면에서는 말하기보다 듣기가 더 중요하다.

많은 결혼 상담가가 오늘날 가정에서 발생하는 가장 큰 문제는 가족 간에 서로의 말을 잘 듣지 않는 거라고 말한다.

여러 연구 결과를 보면 남의 이야기를 제대로 듣지 않는 사람은 결혼 생활은 물론 사회에서도 실패한다. 이는 당연한 이치이다. 듣지 않았는데 어떻게 답할 수 있는가.

한 설문 조사에서는, 여성의 98퍼센트가 남편과 대화를 통해 보다 가까워지기를 바라고 있으며, 가장 화가 나는 문제는 '남편이 듣지 않는 것'이라는 결과가 나왔다. 또 71퍼센트의 여성이 남편과 대화를 포기했으며 더는 노력하지 않는다고 했다. 슬픈 현실이며 '불행한 결혼 생활'의 조짐이다.

청취 기술을 터득하는 건 그리 어렵지 않다. 다음의 7가지 단계를 따르면 보다 나은 청취자가 될 수 있다.

말하는 사람에게 집중한다

상대의 눈을 보고 그의 이야기에 집중하는 것은 이렇게 말하는 것과 같다.

"내게 당신은 소중한 사람이야. 당신의 말과 생각은 내 인생에 아주 큰 의미로 다가와."

반면 상대가 말을 하든 말든 텔레비전 화면에 집중하거나 딴청을 피우는 행동은 완전히 위와 반대되는 메시지를 보내는 셈이다.

올바른 태도는 상대의 이야기에 주의를 기울이고, 때때로 고개를 끄덕이거나 중간중간 간단한 말을 곁들여 호응하는 것이다.

몸짓으로 관심을 나타내라

몸을 약간 앞으로 기울여 앉도록 한다.

중요한 이야기를 들어야 할 때 상대의 이야기에 귀를 기울이기 위해 몸이 약간 앞쪽으로 기울게 된다. 그렇듯 그 같은 자세는 상대에게 이야기를 잘 듣고 있음을 알리는 것과 같다.

배우자는 오랜 세월 그 누구보다 당신에게 의미 있는 사람이다. 단지 익숙하다는 이유로 상대를 무시하지 마라. 좋은 자세로 배우자의 말을 들음으로써 '당신을 존경하고 있어요.'라는 메시지를 온몸으로 보여주어라.

중요한 말은 반복한다

자신이 이해한 대로 상대의 말을 되풀이하면 그만큼 관심이 있음을 보이게 된다. 다음과 같은 말을 사용해 보아라.

"그러니까 그 말은……."

"그건 이런 의미인가?"

"듣고 있으니 내 기분이 ~하다.(화가 난다, 행복하다, 슬프다, 기쁘다 등)"

상대가 흥분한 상태라면 이렇게 말해 보아라.

"당신이 왜 그렇게 화가 났는지 이해해. 얼마나 실망했겠어. 화를 내는 게 당연해."

당신이 말을 제대로 듣고 있으며, 이해하고 동감한다는 것을 상대에게 알릴 수 있다. 가장 중요한 건 일이 잘되지 않았어도 상대에게 괜찮다고 말해주는 것이다. 이런 방법으로 상대가 상처받고 분노한 마음을 가라앉히게 하고, 그의 가치를 존중해줄 수 있다.

상대의 말이 모두 끝나기를 기다려라

다른 사람이 말하는 도중 끼어드는 것은 커뮤니케이션을 망치는 지름

길이다. 지금 당장 말하지 않아도 반론할 시간은 얼마든지 있다. 상대의 말을 듣고 잠시 쉬었다가 또 들어라.

상대가 이야기하고 있을 때 무슨 말을 하는지 정확히 듣지 않은 채 자신이 무슨 말을 할지 생각하는 것은 범죄와 같다. 특히 배우자와 대화 시에 이런 행위는 더욱 나쁘다.

배우자와 이야기할 때는 자신의 모든 선입관과 편견을 버리고 깨끗한 마음으로 대화를 받아들이려 노력해라. 배우자의 입장에서 들어라. '오늘 남편이 무슨 일을 했을까?, 오늘 아내의 기분이 어땠을까?' 한마디 한마디를 눈과 귀로 들어 보아라.

감정을 표현하라

효과적인 커뮤니케이션은 의미 전달뿐 아니라 감정 전달도 함께 되어야 한다. 그러나 때때로 감정 전달은 무시되기 일쑤이다. 부부가 진정으로 친밀하려면 내밀한 감정을 서로에게 표현할 수 있어야 한다.

"난 이렇게 생각해……."라는 말로 이야기를 시작해 감정을 솔직히 드러낸 속 깊은 대화를 나눠 보아라.

단, 상대의 성격이나 개인적인 부분을 비난하는 감정적인 말은 절대 안 된다. 또 "그러면 안 돼.", "당신은 항상 그러잖아.", "됐어, 난 못해."라는 부정적인 말은 삼가하라.

해결책은 조심스럽게 제시한다

아내가 전업주부인 경우 남편들은 크게 오해하는 부분이 있다. 바로 아내가 온종일 쌓인 불만을 피곤한 자신에게 터뜨린다고 착각하는 것이다. 또 그러한 불만을 해결하기 위해 자신이 해결책을 내놓아야 한다고 생각한다.

아내가 남편에게 이런저런 문제를 쏟아놓는 건 그가 지혜를 발휘해 문제를 해결해줄 거라 기대하기 때문이 아니다.

그녀 또한 어떤 문제에도 즉각적인 해결책은 없다는 사실을 잘 알고 있다. 단지 관심을 가지고 자신의 말을 들어주는 자상한 남편을 기대할 뿐이다.

어떤 사람이 이렇게 말했다.

"직장에서 나는 꽤 능력 있는 사원이다. 문제가 발생하면 신속하고 효율적으로 그에 대한 해결책을 찾는다. 그렇지만 집에 돌아가면 속수무책이 되고 만다. 아내는 이런저런 일에 대해 늘 걱정하고 화를 내며 자기 자신을 비롯해 가정에 대해 체념하려고 한다. 나는 그녀를 도울 만한 시간 관리, 목표 설정, 방향 설정 등을 제시하지만 우리 사이는 언제나 무언가 어긋나고 만다. 가장 중요한 것이 빠진 탓이다. 바로 감수성이다. 그녀는 말하는 사람이 아니라 듣는 사람을 필요로 하며 지시가 아니라 애정과 관심을 원한다. 하지만 나는 아내가 내 지혜를 들으려 하지 않을수록 더욱 강요하게 된다. 돕고자 하는 내 욕심이 바로 우리 결혼 생활의 걸림돌이 되는 것이다."

듣는 것은 상대가 화가 나서 참을 수 없어할 때 특히 중요하다. 배우자의 말을 귀담아들을 줄 아는 귀와 진정한 관심, 배려, 약간의 포옹을 결합하면 결혼 관계를 진정 오랫동안 지속시킬 수 있다.

듣는 것이 곧 사랑이다

"말하기는 공유하는 것이지만 듣기는 사랑하는 것이다."

한 현자의 말이다. 현명한 남편은 아내가 하루 동안 있었던 일을 세세하게 말하는 것을 주의 깊게 듣는다. '의무감은 그 일을 잘하게 만들지만, 사랑은 그 일을 아름답게 해내도록 만든다'는 사실을 잘 아는 것이다.

사랑은 '꼭 해야 하는 일'이라서 시작한 것을 '하고 싶어서 하는 일'로 바꾸는 힘이 있다. 또 오랜 세월이 지나 돌아보면 그런 사소한 일이 얼마나 자신의 삶을 풍요롭게 만들었는지 깨닫고 놀라게 될 것이다.

경청은 상대에 대한 공감과 진정한 배려가 요구되는 기술이다. 다음의 말로 용기를 불어넣으며 주의 깊게 경청하면 배우자에게 심리적으로 큰 안정감을 줄 수 있다.

"무슨 말인지 알겠어, 이해해."

"세상에, 그럴 리가! 그 사람이 뭐라고 했다고?"

물론 "사랑해."라는 말은 어느 상황에서나 잘 어울린다.

그리고 잊지 말아야 할 것은 부부간 커뮤니케이션에도 시간이 필요하다는 사실이다. 놀랍게도 많은 부부가 다른 모든 사람과 모든 일에 충분한 시간을 내주면서 서로에게는 그렇지 않다. 예를 들어, 부부가 함께 하는 일보다 타인 혹은 그 사람과의 약속을 우선으로 한다.

정말 중요하고 다급한 일이었다고 하나둘 예외를 두며 자주 약속을 깨뜨리다 보면 점차 별 중요하지 않은 다른 이유조차 합리화시키게 된다.

부부간의 관계를 중요히 생각하면 불가피한 일로 예외를 만드는 경우가 거의 사라진다. 또 그러한 행동은 상대에게 '내가 그를 어떻게 생각하는지' 분명하게 보여준다.

당신은 매우 중요한
사람이지만 난 바빠

한창 글을 쓰는 데 집중하는데 아내가 나를 부른다.

"여보, 이리 와서 이것 좀 도와줄래요?"

제일 먼저 떠오른 생각은 '내가 지금 책을 쓰고 있는 걸 알 텐데'이다. 그렇지만 나는 금세 아이러니를 깨닫고 큰소리로 웃는다. 내가 하는 일이 아내의 일보다 중요하다고 즉각적으로, 본능적으로 판단한다는 게 우스워진 것이다. 나는 스스로를 비웃으며 아내의 요청에 응했다.

내가 무언가에 빠져 있을 때 아내가 급히 나를 찾는 일은 종종 있다. 대개 그녀가 바라는 건 함께 저녁을 준비하거나 도구를 가져다주는 등의 자질구레한 집안일이다. 그런 일은 채 3분이 되지 않아 끝나고 그러면 나는 자상한 남편의 임무를 마치고 다시 책상으로 돌아와 업무를 본다.

아내의 별거 아닌 부탁을 들어줌으로써 내가 얻는 혜택은 다양하다. 그중 가장 최고는 '내가 그녀를 얼마나 중요하게 생각하고 있는지' 아내가 느낀다는 것이다.

대화하며 존중한다

모든 커뮤니케이션 기술을 습득해도 여전히 오해가 생길 수 있다. 사실 반대 의견이나 아무 문제가 없는 결혼 생활은 존재할 수 없다. 그러나 앞서 말했듯 서로 의견이 달라도 감정이 상하지 않을 수는 있다.

결혼 생활에서 발생하는 수많은 어려움 속에서도 관계가 틀어지지 않고 굳건해지려면 부부가 대립하거나 오해가 생겼을 때 서로를 어떻게 대하는지 그 태도가 중요하다.

그 문제에 대해 상대에게 앙심을 품거나 나중에 후회할 말을 하지 말고 언제나 서로를 존중해야 한다. 가장 중요한 건 상대를 비난하지 않는 것이다. 나쁜 것은 잘못된 일이지 그 사람이 아니라는 사실을 명심해야 한다.

부부가 넘어야 할 7가지 고개

환상의 고개

신혼부터 3년쯤 걸려 넘는 고개로 갖가지 어려움을 비몽사몽간에 웃고 울며 넘는 '눈물 고개'이다.

타협의 고개

결혼 후 3~7년 동안에 서로에게 드러난 단점을 타협하는 마음으로 위험한 권 태기를 넘는 '진땀 고개'이다.

투쟁의 고개

결혼 후 5~10년 사는 동안 진짜 상대방을 알고 난 다음 피차 자신과 투쟁하 며 상대를 포용하는 현기증 나는 '비몽 고개'이다.

결단의 고개

결혼 후 10~15년이 지나면서 상대방의 장단점을 현실로 인정하고 보조를 맞 춰가는 돌고 도는 '헛바퀴 고개'이다.

따로 고개

결혼 후 15~20년 후에 생기는 병으로, 함께 살면서 정신적으로 별거나 이혼 한 것처럼 따로따로 자기 삶을 체념하며 넘는 '아리랑 고개'이다.

통일 고개

있었던 모든 것을 서로 덮고 새로운 헌신과 책임을 가지고 상대방을 위해 남은 생을 바치며 사는 '내리막 고개'이다.

자유의 고개

결혼 후 20년이 지난 후에 나타나는 완숙의 단계로, 노력하지 않아도 눈치로 이해하며 행복을 나누는 '천당 고개'이다.

〈출처〉 한국조직문화연구소

일곱 번째 이야기

섹스는 더럽지 않다

섹스는 아름답고 즐거우며 필수적이다.
하느님이 그렇게 만드셨다.
그것은 하나가 되었다는 표현이며 서약이자 자신을 모두 주는 것이고 신성한 의무다.
섹스는 이기적으로 주장할 권리도 억눌러야 할 성향도 상대방을 지배할 무기도,
훌륭한 행동에 대한 보상도 아니다.

J. 앨런 피터슨

성경에는 아담이 이브를 처음 보았을 때 이렇게 말했다고 적혀 있다.

"내 뼈 중의 뼈요, 살 중의 살이라."

하지만 댈러스 신학교의 하워드 핸드릭스 박사는 이 해석은

히브리어 원본과 다르다고 말한다.

나 또한 박사의 말에 동의한다. 한번 상상해 보아라.

쭉 혼자 살아온 아담이 어느 날 갑자기 세상에서 가장

아름다운 여인을 만나게 되었다.

그런데 고작 그 말이 전부인가?

히브리어 번역은 정열적이고 고양된 목소리로 '우아!'하는

감탄사에 가깝다고 되어 있다.

그렇다. 아담은 이브를 그런 식으로 본 것이다.

결혼 후 많은 시간이 흐른 뒤에도 결혼 생활을 유지하고 몇 가지

상식적인 원칙을 따른다면 부부 관계에서도 '우아!'하고 상대에게

감탄하는 일이 잦을 것이다.

섹스는 신성하다

성공적으로 지속적인 결혼 생활을 유지하는 부부들은 친밀한 육체관계가 매우 중요하며 아름답고 신성하다는 것을 알고 있다.

데이비드 시맨즈 박사는 이렇게 말했다.

"기독교인들이 억제되고 편협하다는 것은 속설에 불과하다. 사실 기독교적인 결혼 생활은 부부가 성적 자유와 쾌락을 최대한으로 누리기 위해 필요한 안정감을 제공한다."

내가 직접 조사한 연구 결과를 보더라도 가장 금욕적이라는 청교도인들조차 역사책에서 보이는 것보다 훨씬 애정이 깊고 사랑이 많았다. 그들은 가족의 가치를 잘 이해하고 있었기 때문에 상대적으로 성에 관해 긍정적이었다.

육체적인 친밀함

신성한 예식을 통해 평생의 사랑을 서약한 두 사람이 나누는 육체적 친밀함은 건전한 결혼 생활에서 가장 친숙하고 흥분되는 단계이다.

자기 자신을 배우자와 완전하게 공유하는, 진정으로 신성하고 아름다우며 성스러운 행동은 다른 어떤 것보다 부부관계를 보다 가깝게, 보다 사랑 넘치게 만들어준다.

그렇지만 실상 많은 부부가 성관계 시 이기적이고 애정 없는 태도를 보인다. 가장 주요한 성적 기관이 바로 두뇌라는 사실을 간과해 성관계에서 문제가 발생한다.

대개 성관계에 많은 오해를 하고 있다. 성관계는 불을 끄고 침대에 누워 시작하는 게 아니라 일상의 일부이고 매일 아침 눈을 뜨고 다시 감을 때마다 새롭게 시작된다.

배우자와의 성관계가 원만하지 않다면 대부분 문제는 행위 그 자체에 있는 게 아니라 '관계'에 존재합니다. 애정, 친밀한 행동, 신중함, 친절함이 두 사람의 관계를 구성하는 가장 중요한 요소임을 확실히 이해해야 한다.

모든 방에서 관계하라

집 안의 모든 장소가 적당히 이용될 때 부부의 침실은 보다 아름답고 즐거우며 사랑이 넘치는 장소가 된다.

현관은 들어오고 나갈 때 인사를 나누는 곳이다. 미소와 포옹, 따뜻한 말, 적극적인 격려를 나누며 관계를 돈독히 다진다.

부엌은 친밀함을 위한 장소이다. '남자의 마음으로 들어가는 방법은 그의 위장을 통해서이다'라는 말이 어느 정도 사실이기에 부엌은 결혼 생활에서 매우 중요한 위치를 차지한다. 또 부엌일을 돕는 남편은 아내에게 많은 존경과 감사를 받을 수 있다.

식사 공간은 대화를 나누고 정신적인 발전을 할 수 있는 훌륭한 장소이다. 마주 보고 밥을 먹으며 그날 겪은 재미있었던 일을 이야기하면 기분이 좋아지고 소화가 촉진된다. 단, 인상을 찌푸렸던 일은 식사를 마치고 이야기해라.

서재나 거실은 편안하게 휴식을 취하는 공간이다. 웃음이 가미된 대화로 가득 찬 거실은 결혼 생활을 굳건히 지켜준다.

남성들이여,
관심을 보여라

이 부분은 남편이 대상이다. 수많은 연구 자료와 신문이나 잡지의 상담 코너에 소개되는 사연을 보면 대부분 남자가 여자보다 성관계에 적극적이다. 하지만 관계에서 가장 중요한 애정과 사랑, 부드러움, 사려 깊은 행동은 부족하다. 남편이여, 이 사실을 명심해라. 성관계는 애정이 토대가 되어야 한다.

또한 남편과 아내 모두 상대에게 사랑받고 있다는 느낌을 받아야지 이용당하고 있다는 생각이 들어서는 안 된다.

남편과 아내의 성적 충동은 매우 다르다. 그렇기에 진정한 사랑과 관심, 배려, 커뮤니케이션이 절대적으로 중요하다. 사랑하고 이해하며 배우자의 욕구와 욕망을 지켜주는 것은 부부 사이를 성공적인 관계로 이끌어줄 뿐 아니라 영원한 행복을 가져온다.

섹스는 어디에서
시작하는가

성관계에 있어서 가장 기본이 되는 문제는 너무나 많은 남편과 아내가 성관계를 낮의 생활과는 별개의 것으로 취급하는 점이다. 남편과 아내의 성행위는 부부 관계의 절정이다. 단순히 육체적인 것이 아니라 더 많은 감성적인 부분을 포함한다.

만약 남편이 아내를 온종일 무시하고, 때때로 생각 없고 경솔하며 무례하게 행동하다가 잠자리에 들 때만 관계를 요구한다면 아내는 남편을 거부할 것이다. 아내는 남편의 욕구와 욕망에 맞춰줄 것을 요청받으면서 자신의 욕구나 욕망은 무시되고 이용당한다고 느낄 때 심하게는 자신이 창녀보다 나을 게 없다고 생각하게 된다.

또 여성들은 가정이나 직장, 자녀로 인해 스트레스를 받게 되면 '그 럴 만한 기분'이 되지 않을 때가 종종 있다. 어쩌면 당연하고 이해되 는 일이지만 그 상태가 지속되면 결혼 생활은 일종의 영양 결핍 상태 로 시들고 말 것입니다.

아내 또한 남편을 배려해야 한다. 로맨틱한 분위기를 조성하려 애 쓰는 남편의 노력을 무시한다면 그는 당연히 화가 날 것이다. 애정 표 현을 억제하면 사랑을 나누기 전이나 후의 달콤한 순간이 줄어들게 된다.

아내가 남편의 욕구나 욕망을 거절하고 관심을 기울이지 않으면 그 는 남자로서의 자신감을 잃어버립니다. 성적으로 거부당하는 일은 큰 상처이다.

모든 사람이 연애하던 그날처럼 사랑받고 구애받고 싶어 한다. 오 랜 세월 성적으로 만족스러운 결혼 생활을 하려면 부부간에 사랑받 고, 배우자가 자신에게 감사해한다는 느낌을 가져야 한다.

성관계가 최고조에 이르고 남편과 아내가 진정으로 하나가 되려면 서로에게 쏟는 시간과 관심, 애정, 사려 깊은 생각이 포함된 진정한 의미에서의 구애가 이루어져야 한다.

특히 신혼여행이 희미한 추억이 되기 시작하는 처음 몇 년간 절실 히 필요하다.

당신이 자랑스러워요

결혼 전에는 서로 관심을 쏟아붓고, 끊임없이 전화를 해대고, 가능한 모든 시간을 함께 보내려 드는데 희한하게도 결혼을 하고 나면 모든 것이 달라진다.

어떤 부부가 함께 모임에 참석해 회장에 들어서자마자 등을 돌리고 각자 다른 사람에게 가서 즐기는 모습을 보았다. 그들은 모임이 끝나고 집에 돌아갈 때까지 서로의 존재를 잊고 있는 듯 보였다. 꼭 부부가 함께 있어야 한다고 말하고 싶은 건 아니다. 다만 두 사람이 따로가 아닌 같이 모임을 즐겼다면 그 장소는 물론이고 집으로 돌아가서도 행복한 기분을 맛볼 수 있지 않았을까 한다.

남편이여, 처음 구애하던 시절을 떠올려 보아라. 그녀와 모임에 참석하게 되면 누가 눈독을 들이고 찝쩍거리지 않나 유심히 주위를 눈여겨보지는 않았나. 행여 다른 남자가 그녀에게 접근할까 봐 모임 내내 곁에 붙어 있지 않았나.

결혼 생활이 얼마나 오래되었든 상관없이 남편이 아내에게 표현할 수 있는 최대의 찬사는 한결같이 그녀를 대접하는 것이다.

그곳이 어디든 부부가 함께 가게 되었을 때 그 상황에 어떠한 태도를 취하느냐에 따라 결혼 생활에 큰 차이가 생겨난다. 그녀를 배려하는 행동 자체가 아내와 주위 사람에게 선명한 메시지를 보내는 것과 같다.

"나는 아내를 사랑하고 자랑스럽게 생각합니다. 그리고 이 세상과 내 아내가 그 사실을 알아주길 바랍니다."

그리고 나서 집에 돌아와 사랑을 고백한다면 아내는 남편의 진심을 확신할 것이다.

함께 보내는 시간이
필요하다

부부 사이의 성관계가 아름답고 즐거우며 흥분되는 것임에도 불구하고 뉴욕의 정신과 의사인 앤터니 피어트로핀토의 연구에 따르면, 45세 이하의 부부 가운데 3분의 1은 종종 최소 2달간 성관계를 전혀 하지 않는다고 한다.

이렇게 성관계 횟수가 줄어드는 이유는 둘 다 직장을 가지고 있는 부부가 사회생활에서 받는 스트레스 때문이라고 한다. 그는 이렇게 주장했다.

"섹스는 어느 정도의 관심과 애정, 노력이 필요한 일이다. 즉 사람들은 섹스를 하기 전에 심리적으로도 그에 맞는 준비를 해야 하는데 둘 중 한 사람이 직장 일로 피곤하면 그러기가 쉽지 않다."

또 다른 연구 결과를 보면, 부부가 모두 직장을 다니고 있는 경우 함께 보내는 시간이 적을 뿐 아니라 질적으로도 만족스럽지 못하다고 한다.

위의 두 가지 사실을 종합하면 성공적인 성관계에 가장 중요한 요소는 시간이라는 결론에 다다른다.

내가 아는 가장 슬픈 얘기는 한 이혼한 부부에 관한 것이다. 이혼에 어떻게 대처했는지 물어보자 상처받은 아내는 이렇게 말했다.

"생각했던 것보다 괜찮았어요. 남편이 나에게 그 어느 때보다 시간과 관심을 많이 보여주었거든요. 그 사람이 해야 할 목록에 드디어 나도 올라가게 된 거죠."

섹스에 관심을 일으킨다

삶의 아이러니 가운데 하나는 남편들이 자신의 아내에게는 섹스에 대해 전혀 말하려 들지 않는다는 사실이다. 혼외정사가 일어나는 원인은 그 상대가 무척 아름답고 정신을 잃을 정도로 멋지기 때문이 아니라 자신을 하나의 존재로 여기고 관심을 가져주기 때문이다.

남편이여 아내에게 구애를 하고, 진정한 존경심과 애정을 보이며,

깊은 관심을 기울이고 함께 시간을 보낸다면 결혼 생활의 성적인 측면 또한 자연스럽고 더 충만해질 것이다.

분명 결혼하기 전에는 그녀의 사랑을 얻기 위해 온갖 계략을 세웠을 것이다. 단순히 함께 있기 위해서가 아니라 단둘이 있기를 원했을 것이다. 그녀를 유혹하기 위해. 그렇지만 지금은 아내를 유혹할 생각조차 하지 않을 것이다.

다시 한번 아내에게 연애할 때처럼 조심스럽게 계획을 세우고, 흥분과 배려가 함께 하는 유혹 작전을 벌이면 부부가 '하나'가 될 수 있는 기반을 마련할 수 있다.

부정한 행위는 일시적으로 쾌락을 가져다줄 뿐 결국 행복을 파괴하고, 본인뿐 아니라 죄 없는 가족까지 불행해진다.

절정에 다다르는 6단계

많은 사람이 기본적인 성품과 상관없이 육체의 유혹과 약한 면에 굴복해 혼외정사의 덫에 희생된다. 그러한 불상사를 피하려면 부부간의 성관계가 원만해야 한다.

성관계에서 성공하려면 부부가 똑같이 책임감을 가져야 한다. 기꺼이 책임감을 받아들이고 절정에 이르려면 구체적으로 무엇을 해야 하는지 알아보자.

지속적인 부재를 피한다

직장 문제로 부득이하게 가족과 떨어져 생활해야 하는 경우라도 지속적인 부재는 부부 관계에 악영향을 불러온다.

부부가 오랫동안 따로 시간을 보내게 되면 나중에는 자신이 정말로 결혼을 했는지조차 의심하게 된다. 그리고 점차 사이가 소원해지고 심지어 결혼 생활이 파탄 난다.

이쯤에서 생각해볼 것이 있다. 가족과 멀리 떨어져 지냄으로써 얻는 생활수준이 결혼 생활보다 더 중요한 것인가?

인생의 우선순위는 무엇일까? 돈벌이를 위한 어쩔 수 없는 선택이라 하더라도 시간 배분을 적절히 해 가족과 함께하는 시간을 내야 한다.

성적이지 않은 신체 접촉을 한다

어깨를 다독이고 손을 잡고 가볍게 포옹하고 뺨에 뽀뽀를 하는 신체적 행동으로 '침대로 가자'는 의미를 담지 않고 '사랑해'라는 표현을 할수 있다. 이러한 잦은 스킨십은 성적인 관계에 지대한 영향을 미친다.

손을 잡고 포옹하는 것은 '당신은 내 사람이고, 난 당신 사람이다'라고 말하는 것과 같다. 또 단순히 성적인 의미를 뛰어넘어 순수한 정신적 사랑을 하고 있다는 사실을 알려준다.

행복한 포옹이 인생의 모든 측면에 도움이 된다는 연구 결과도 있다. 단순히 서로 안고 있는 것만으로 기쁨이 가득 차는 경험을 할 수 있다.

온종일 집에 있는 날이면 나와 아내는 보통 하루에 30~40번 정도 포옹을 한다.

횟수에 놀랄 수도 있지만 포옹을 하는 데 걸리는 시간은 단 몇 초에 불과하고, 매번 열정을 다해 끌어안는 것도 아니다. 단지 사랑하고 있음을 서로 확인받을 뿐이다. 그 포옹에는 이러한 의미가 담겨 있다.

'나는 당신이 내 사람이고 내가 당신 사람이라는 것이 기쁘다. 당신과 함께 있어 행복하다. 당신은 내게 소중한 사람이다. 당신과 단둘이 있다는 것이 얼마나 큰 특권인가'

포옹해라. 특별한 사랑을 전할 수 있다. 포옹으로 '사랑한다.' 말하면 상대에게 그대로 전해진다.

하루를 사랑으로 시작한다

15분만 일찍 일어나 아침을 맞이하는 부부만의 의식을 해보아라. 거창할 것 없이 바쁜 하루를 시작하기 전에 함께 따뜻한 차를 마시며 기분 좋게 아침 인사를 나누는 것이다. 그 짧은 시간이 상당히 놀라운 효과를 가져다준다.

출근할 때는 형식적인 인사가 아니라 신혼 때처럼 열정적으로 작별 키스를 해라. 독일의 한 보험회사에서 실시한 연구에 따르면 아내와 작별 키스를 하는 사람이 그렇지 않은 사람보다 평균수명이 5년 반 정도 길었다고 한다.

적극적으로 인사한다

직장에서 돌아와 밤이 되어 다시 만나면 포옹하면서 따뜻한 인사말을 건네 보아라.

"여보, 보고 싶었어."

그러고 나서 몇 분간 그 사실을 매우 적극적으로 확인시켜주어라. 절대 얼굴을 찡그리거나 화를 내서는 안 된다.

차가 막혀서 짜증이 났다느니 회사의 누구누구 때문에 뭐가 어쨌다느니의 불평은 잠시 접어두어라. 그날 하루가 얼마나 힘들었는지, 자신이 얼마나 형편없는 곳에서 일하는지, 얼마나 상사가 별 볼일 없는지를 장황하게 이야기하며 자신이 상대보다 힘들었음을 알리려 하지마라. 그런 말은 로맨틱한 분위기를 말살시켜 버린다.

포옹하고 손을 잡고 친밀한 시간을 가진 다음 즐거운 이야기를 꺼내라.

"오늘 재미있는 일이 있었어."

"오늘 하루 어땠어? 즐거운 일이 있었어?"

한마디로 긍정적인 태도를 취하라는 것이다. 웃고 있는 사람이 찡그린 사람보다 훨씬 매력적이다. 또 매일 이런 대화가 이어지면 두 사람 모두 긍정적인 기대감을 가지고 상대에게 일어난 일을 궁금해 하고, 어서 퇴근하고 집에 돌아가기를 기다린다.

'오늘은 그이에게 어떤 즐거운 일이 있었을까?'

'오늘은 무슨 일로 웃었을까?'

반대로, 대면하자마자 인상을 쓰고 온갖 불평불만을 늘어놓는다면 그 행동으로 얼마 지나지 않아 결혼 생활이 힘들어질 것이다. 항상 짜증 나 있는 사람이 있는 곳에 돌아가 그 성미를 전부 받아내느니 차라리 유쾌한 친구를 만나거나 혼자 술집에 가는 편이 더 기대될 것이다.

온종일 밖에서 치이고 지친 몸으로 집에 돌아와 긍정적으로 인사를 나누는 일이 비현실적이라 생각할 수 있다.

아예 힘든 기색을 내비치지 말라는 게 아니다. 함께 저녁을 먹고 여유가 생기고 긴장이 풀어졌을 때 그때 이야기하는 것이 좋다. 문제나 걱정거리를 보다 편안히 털어놓고 상대의 이야기도 귀 기울여 들을 수 있게 된다.

남편과 아내를 대하는 태도 또한 중요하다.

아내여, 남편이 집에 돌아오면 쳐다보지도 않고 "왔어?" 하고 말하는 행동은 절대 하지 마라. 현관으로 달려나가 남편이 왔음을 확인하고, 얼마나 기다렸으며 얼마나 보고 싶었는지 상세히 알려주어라.

남편이 온종일 최고의 모습을 뽐내는 멋진 여성들에게 둘러싸여 하루를 보냈음을 명심하라. 직장 여성들은 깔끔히 옷을 차려입고 향수를 뿌리고 매력적인 모습을 하고 있다. 이혼한 부부의 50퍼센트는 배우자가 직장에서 다른 사람을 만났기 때문에 파국에 이르렀고, 그중 70퍼센트가 내연 관계의 상대가 같은 직장에 근무한 사람이었다.

그렇다고 저녁마다 남편을 심문하거나 괜한 걱정을 하라는 뜻은 아니다. 다만, 그가 집에 돌아왔을 때 활짝 웃는 얼굴로, 남편이 그날 본 그 어떤 여자보다 예쁜 모습으로 맞으라는 말이다.

예쁜 모습은 겉으로 드러나는 미모보다 자신에게 얼마나 성의 있는 태도를 보이느냐에 달려 있다. 남편을 열정적으로 맞이할수록 귀가 시간이 점점 앞당겨질 것이다.

남편도 마찬가지이다. 집에 일찍 도착해 아내를 맞이할 일이 생기면 그녀가 기뻐할 만한 일을 해 보아라.

아내 또한 밖에 나가면 멋진 남자들에게 둘러싸여 있을 것이다. 그들은 깔끔하게 잘 차려입고 상큼한 향수를 뿌리고 그녀를 정중하고 예의 바르게 대할 것이다.

추레한 모습으로 아내를 맞이하지 말고 조금이라도 깔끔한 모습을 보여주는 것이 좋다. 또 아이를 돌보고, 설거지를 하고, 청소기를 돌리는 등 사소한 집안일을 해라. 사소하지만 그 일을 함으로써 아내에 대한 당신의 사랑을 표현하는 것은 물론 그녀의 짐을 덜어주고 싶어 하는 의지를 보여줄 수 있다.

절망적으로 힘들 때를 위해

삶을 살아가다 보면 곳곳에서 험난한 시련과 마주하게 된다. 힘겨울 때 의지하고 싶은, 의지할 수 있는 가장 가까운 사람은 남편과 아내이다. 몸과 마음이 지쳐 있을 때 부부는 서로에게 무척 소중한 존재가 된다. 부부가 서로 위안을 주고 특별한 사랑과 애정을 표현할 수 있는 가장 최선의 방법은 성관계에서 보다 적극적이 되는 것이다.

남편이 충분한 자격이 되는데도 승진하지 못했을 때, 실직을 했을 때, 계속 사업에 실패할 때 그는 자아가 무너지고 자존심에 큰 타격을 입다. 그러한 때 남편에게 소중한 존재임을 확인시키고, 그가 성적으로 매력적이라는 사실과 사랑을 보여준다면 다른 어떤 것보다 그의 자신감과 자아를 고취시킬 수 있다.

아내가 힘들어할 때도 마찬가지이다. 그녀가 자아에 상처를 입고 자신감을 잃었다면 애정과 이해심으로 아내의 상처로 얼룩진 마음을 다독여줄 수 있다.

이때 주의할 사항이 있다. 아내는 단지 자기의 말에 귀 기울이고 이해해주고 따뜻한 포옹을 바랄 수 있다.

만약 아내가 성관계를 원하지 않으면 억지로 강요해서는 안 된다. 사랑받는 기분이나 편안함을 느끼지 못하고 '이용당한다'고 여길 수 있다.

성경에는 남편과 아내의 성적인 사랑을 설명하는 데 히브리어로 '안다'라는 말을 사용한다. 안다는 것은 객관적 정보와 지적인 능력 이상을 뜻한다. 그것은 사랑하는 사람에 관해 가장 심오한 지식을 서로 교환함을 의미한다.

부부는 서로의 문제에 공감하고 그것을 해결하기 위해 노력하며 더욱 깊이 알아갈수록 보다 친밀하고 사랑이 넘치는 관계가 될 수 있다.

성을 읽어라

에드 휘트 박사의 저서 《즐거움을 위한 성》은 아름다운 삽화와 성에 대한 풍부한 의학 지식, 성생활 상담을 받은 사람들의 이야기를 다루고 있다. 이 책을 통해 불만족스러운 성생활을 하던 많은 사람이 완전한 기쁨과 환희를 즐길 수 있게 되었다.

팀과 비벌리라하예 부부가 쓴《성 이야기》는 상대의 관점에서 서로의 관계를 바라보고, 결혼 관계가 남편과 아내에게 어떠한 영향을 미치는지 또 그 관계를 가장 친밀하고 아름다운 방법으로 침실로 끌어가기 위해 무엇을 해야 하는지 말하고 있다.

리처드 퍼맨 박사의《친밀한 남편》에는 사랑이 넘치는 관계를 만들기 위한 아름다운 제안이 가득하다.

이 외에도 성을 다룬 유용한 책이 많이 있다. 성을 읽어 보아라. 부부 관계가 보다 풍요로워지고 생활에 기쁨이 만연해질 것이다.

해결책은 있다

부부간의 성관계는 결혼 생활의 모든 면에 영향을 주기에 성적으로 친밀한 부부는 일상생활에서도 사이가 좋다.

배우자와의 성생활이 원만하지 않은 사람은 많이 있다. 이유는 여러 가지겠지만 모든 경우에 해결책이 존재한다. 그중 최고의 방법은 집 안의 모든 장소에서 사랑을 나누는 것이다. 그러면 침실에서도 보다 가까워질 것이다.

남편이 섹스를 피하는 5가지 이유

미국의 임상 성의학 박사 밥 버코위츠와 수전 예이거-버코위츠 부부가 4천 명 이상의 섹스리스 커플을 대상으로 설문 조사를 벌인 결과다.

아내가 소극적이다
부부 관계를 꺼리는 첫째 이유는 "아내가 성적 모험을 감행할 줄 모른 다."(68%) "아내가 섹스를 좋아하지 않는 것 같다." (61%)가 꼽혔다.

다른 섹스 파트너를 원한다
둘째 이유는 "다른 여자와는 섹스를 해도 아내와는 하지 않는다." (48%)는 반응이 나왔다. 응답자 대부분이 자위행위를 한다고 답했고, 육체적으로 문제가 있거나 섹스에 관심이 없는 게 아니라 단지 그 대상이 아내가 아니었다.

아내에게 화가 나 있다
응답자의 44퍼센트가 이렇게 대답했다. 아내는 점점 드세 지고 있다. 수시로 남편을 비난하고 통제하려고 들고 과소평가한다. 마음에 상처를 입은 남자는 아내와 섹스하고 싶지 않다.

아내가 뚱뚱하다
"아내의 체중이 너무 불었다." (38%)가 4위를 했다. 결혼 후 살이 찐 아내에게 서 더는 성적 매력을 느끼지 못한다는 것이다.

부담스럽다
"컴퓨터로 음란 동영상을 보는 게 더 좋다." (25%)가 5위이다. 아내의 욕구를 만족시켜줘야 한다고 생각해 섹스를 꺼린다.

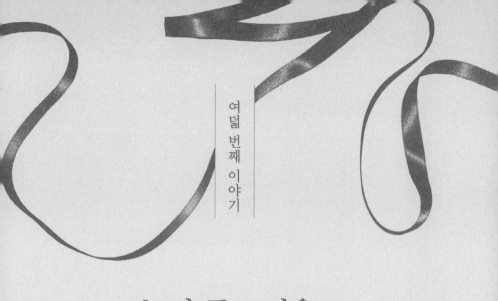

누가 주도권을
잡을 것인가

하느님은 일부러 갈비뼈로 여자를 만들었다. 머리로 만들지 않았기에 여자는
남자를 지배할 수 없고, 발로 만들지 않았기에 남자는 여자를 짓밟을 수 없다.
바로 갈비뼈, 즉 팔이 보호해주는 부분으로 만들었기에 남자와 여자는
나란히 인생을 걸어갈 수 있다.

작자 미상

미국에서 가장 큰 도시의 시장과 그의 부인이 건설 현장을 방문했다. 그런데

노동자 중 한 사람이 시장의 아내를 보고 아는 척을 했다.

"혹시 나를 기억하십니까?"

그녀는 그를 기억하고 있었고 두 사람은 잠시 대화를 나누었다.

그들은 20년 전에 연인 사이였다.

대화가 끝나고 시장과 부인은 다시 현장을 둘러보았다.

시장이 부인에게 말했다.

"만약 저 사람과 결혼했다면 당신은 건설 노동자의 아내가 되었겠군."

"아니죠. 나와 결혼했다면 저 사람은 지금쯤 시장이 되었겠죠."

팀워크를 발휘하라

"밀기는 어려워도 당기기는 쉬운 법이지. 사람도 마찬가지야. 모범을 보여서 알아서 따라오도록 하는 건 쉬워도 밀어붙이기는 어렵지."

모범을 보이는 리더십을 가장 잘 실천한 이는 벤저민 프랭클린이다.

그는 필라델피아에 가로등이 필요하다고 확신하고 이를 사람들에게 알리기 위해 토론을 하는 것보다는 직접 모범을 보이는 것이 설득력이 있을 거라 생각하고 독특한 방법을 고안했다. 그는 창고에서 놋쇠 등을 꺼내 깨끗하게 윤을 내고 심지를 조심스럽게 다듬은 다음 그것을 대문에 걸어놓았다. 얼마 지나지 않아 이웃들도 그를 따라 대문에 랜턴을 매달아 놓았다. 그리고 곧 필라델피아의 거의 모든 시민이 거리를 밝히기 시작했다.

애드거 A. 게스트는 다음과 같이 선언했다.

"또다시 설교를 들려주라니, 차라리 직접 보여주겠다."

남편들은 애정이 깃든 모범을 보이지 않고 명령만으로 아내를 리드하려고 한다. 아무도 따르는 이가 없다면 지도자가 무슨 소용일까 한다.

S. I. 맥밀란의 저서 《이런 병은 없다》에 나오는 이야기이다. 한 여자가 대학 입학 면접에서 "당신은 지도자인가?"라는 질문을 받았다.

정직하고 양심적인 성격상 그녀는 "아니오."라고 솔직히 답했다. 분명 떨어질 거라 생각하고 낙심했지만 그녀는 며칠 뒤 대학으로부터 다음과 같은 편지를 받았다.

"우리 대학은 1,452명의 지도자를 얻게 되었습니다. 추종자가 최소 한 명은 있어야겠죠? 그렇기에 당신을 받아들이기로 했습니다."

결혼 생활에서 가장 잘못 해석되는 부분이 바로 리더십이다. 리더십의 역할을 이해하는 데 가장 중요한 개념은 상호성이다. 리더십은 독단적으로 모든 결정을 내리는 게 아니라 올바른 결정을 내리도록 방향을 제시하는 것이다.

나의 친구인 빅터 올리버는 이렇게 말했다.

"진정한 의미에서의 경건한 지혜와 사랑은 부부가 서로의 장점을 인식할 수 있게 하고 이를 통해 관계를 강화시킬 수 있도록 해준다."

사람마다 잘할 수 있는 부분이 다르다. 크게 남자와 여자로 구분해도 여자가 뛰어난 부분과 남자가 뛰어난 부분이 있다. 그렇기에 서로 장점을 아는 것이 중요하다.

남편과 아내는 자신이 잘하는 일을 내세우며 싸울 것이 아니라 한 편이 되어 보다 효율적으로 활동해야 한다.

누가 보스인가

어느 조직이든 제 기능을 발휘하려면 최종 결정을 내리고 그에 책임을 지는 최고 경영자와 그 결정을 따르는 사람이 있어야 한다. 가정도 마찬가지이다.

'복종한다'는 것은 인간이기를 포기하거나 자신의 권리와 책임을 모두 버리고 언제나 명령에 따라야 한다는 의미가 아니다.

기업에서도 마지막 결정은 최고 경영자가 내리지만 거기에 이르기까지 실무 책임자와 여러 번 회의를 거쳐 의견을 나눈다. 이때 책임자는 경영자에게 무조건 복종하는 것이 아니라 최선의 선택을 위해 최선을 다한다.

정신과 의사이자 결혼 상담가이면서 미너스─마이어 클리닉을 운영하는 폴 마이어 박사는 명령 계통을 다음과 같이 설명했다.

"결혼 생활에서 내가 사장이고 아내는 실무 부사장이다. 우리는 보통 합의를 보는 편이지만 그렇지 못할 때는 함께 이야기를 한다. 간혹 어떤 문제에 대한 의견이 일치하지 않으면 마지막 결정을 내리는 것은 내 몫이다."

데니스 레이니는 《외로운 남편들, 외로운 아내들》이라는 책에서 신약성서에 복종이라는 의미로 사용된 그리스어가 'hypotasso'라고 했는데 그 뜻은 '완전한 전체와 완전한 형태를 만들기 위해 자발적으로 완성시키고 순응하고 혼합한다'이다.

아내는 자발적으로 복종하고 현명한 남편은 감사하게 이를 받아들여 가장의 역할에 최선을 다해야 한다. 그것은 사랑을 지키는 기회이자 책임이다.

연약한 그릇

남편은 아내를 귀히 여겨야 한다. 남편은 아내의 권리와 욕구에 신중하고 기민하게 대처해야 하고 아내의 감정에 민감해야 하며 그녀의 지성과 가족에 헌신한 것을 존중해주어야 한다.

아내는 연약한 그릇과 같다. '연약한'이란 말은 뒤떨어졌다는 뜻이 아니다. 히브리어에서 보면 그 말의 의미는 '친절하고 부드러우며 더 사랑스럽고 섬세하다. 또한 더 복잡하고 우아하며 감성이 풍부하다'이다.

몇 년 전, 아내와 여행을 가서 겪은 일이 있다. 도중에 기름이 떨어져서 주유소에 갔는데 나오는 길에 어느 두 사람이 휴게소 옆에 앉아있는 것을 보았다.

그들은 남루한 옷차림에 며칠 면도와 목욕을 하지 않은 듯 지저분

했다. 나는 그들을 지나치며 나름대로 친절하고 관대한 마음에서 혼자 중얼거렸다.

"부랑자네. 직장을 얻고 일을 해야 할 텐데."

아내는 충격을 받은 얼굴로 나를 보며 이야기했다.

"여보, 저 사람들은 분명 운이 아주 없었던 거예요. 누구나 그럴 수 있잖아요. 그들에게는 우리가 판단한 비난이 아니라 기도와 도움이 필요해요."

그때 그녀가 내 곁에 평생 있어 주었으면 하는 바람이 들었다. 그녀가 나를 완성시켜주고 나도 그녀를 완성시켜줄 수 있길 바랐다.

치어리더가 되어라

아내는 나에게 있어 가장 훌륭한 격려자이다. 나는 그녀에게 경제적 안정을 제공하지 못했지만 그 세월 동안 아내는 단 한 번도 '돈이 조금만 더 있었다면……'하는 말을 꺼낸 적이 없다. 그녀는 늘 이렇게 말했다.

"여보, 당신은 할 수 있어요. 내일은 더 나아질 거예요."

날마다 나를 격려하고 밤마다 기도해주는 치어리더가 있다는 사실이 얼마나 큰 힘이 되었는지 말로 다 표현할 수 없을 정도이다.

1849년, 나다니엘 호손은 직장에서 해고당했다. 그는 실의에 빠져서 집에 돌아왔다. 아내는 남편의 우울한 이야기를 모두 듣더니, 상당한 액수가 저축되어 있는 통장을 꺼내 보여주며 그의 어깨에 팔을 두르고 이렇게 말했다.

"여보, 힘내요. 이제 당신이 좋아하는 소설을 마음껏 쓸 수 있게 되었잖아요."

호손은 그렇게 했고, 불후의 명작인 《주홍글씨》가 탄생했다.

마틴 루터 킹이 가장 힘들었던 시기의 일이다. 그는 극도로 우울해져서 식사를 거부하고, 걱정하는 가족과 친구들에게 아무 말도 하지 않았다. 어느 날, 아내 캐서린이 창문의 커튼을 전부 내리더니 깊은 슬픔에 잠긴 사람처럼 행동하기 시작했다. 놀란 루터 킹이 물었다.

"왜 그렇게 슬퍼하는 거요?"

아내 캐서린이 대답했다.

"여보, 난 이렇게 슬퍼할 이유가 있어요. 천국에 계신 하느님이 돌아가셨대요."

아내의 부드러운 질책은 효과가 있었다. 그는 크게 웃더니, 아내에게 키스하고 용기를 얻어 슬픔을 물리쳤다. 결국 그 가정에는 다시 기쁨이 찾아들었다.

어느 인생이든 누구나 격려를 원한다. 격려는 때로 승리와 패배를 결정짓기도 한다. 홈구장에서 경기하는 팀이 보다 힘을 내서 승리하는 것만 보아도 알 수 있다.

결혼 생활에서도 응원은 꼭 필요하다. 배우자에게 용기를 불어넣어라. 상황이 불리하든 유리하든 그의 편에 서서 치어리더가 되어주어라.

한 현자는 이렇게 말했다.

"사랑받을 가격이 없을 때 가장 사랑을 필요로 한다."

침울해 있을 때는 소극적인 태도, 비꼬는 어투, 화난 표정이 뒤따른다. 이런 모습은 격려하고 싶은 마음이 들지 않게 한다. 그런데 바로 이때가 사랑이 시험받는 시기이다. 축 처진 그의 모습을 짜증스레 바라볼 것이 아니라 격려를 불어넣고 힘을 합쳐 어려움을 극복해야 한다.

팀은 함께일 때 힘이 보다 강력해진다. 거대한 벨기에 말의 경우, 이 힘 좋은 동물은 고삐를 채우면 3,600킬로그램의 무게를 끌 수 있다. 그런데 한 마리 더해 두 마리가 힘을 합치면 8,000킬로그램까지 끌 수 있다. 이들을 일주일 정도 훈련시켜서 완벽한 조화를 이루도록 만들면 10,000킬로그램이 넘는 짐을 끌 수도 있다.

이렇듯 조화로운 남편과 아내는 혼자보다 훨씬 많은 일 을 성취해 낼 수 있다.

리더와 리더십

오브리 앤더린의 《남성의 강인함과 부드러움》에서 발췌한 내용이다.

"리더의 위치는 신뢰받는 자리, 책임감을 갖는 자리다. 이 책임을 거부해선 안 된다. 다른 사람에게 위임할 수도 없다. 그것은 무조건 받아들여야 하는 의무다.

리더십은 확고한 의지, 용기, 결단력, 공정함, 부드러움이 결합된 관대함, 친절함, 신중함, 관용, 겸손함이 요구된다.

리더는 반드시 확신을 가지고 있어야 하고, 비록 그 확신이 대중적인 것이 아니라도 소신을 지켜야 한다.

리더십에 요구되는 선결 조건은 겸손이다. 지도자가 실수를 하면 겸손함이 그 실수를 곧 인정하고 용서를 빌고 나서 앞으로 나아가게 한다. 아무리 위대한 지도자라도 실수를 하지 않을 수는 없다.

리더십에는 부드러움과 신중함이 있어야 한다. 남의 말에 귀 기울이지 않는 사람은 불화와 불협, 분노 때로는 반역의 씨를 뿌리는 것과 같다.

리더는 아내나 아이들의 말을 진심으로 경청한다. 비록 그들의 제안이 받아들여지지 않아도 리더가 들어주기를 원함을 이해하기 때문이다. 그들의 말을 누군가 들어준다는 사실은 불만을 누그러뜨린다.

리더십을 발휘할 때는 신중함과 자비, 사랑을 가져야 하며 이타심이 있어야 한다. 이타심이 중요하다."

리더십의 원칙을 분명하게 이해하고 실행하면 모든 면에서 이익을 얻을 수 있다. 또한, 권위적이거나 독재적인 생각을 버릴 수 있고, 오로지 리더십을 수행하는 데 집중할 수 있다.

존 플로비오는 이렇게 말했다.

"봉사해 보지 않은 사람은 명령을 내릴 수 없다."

부부 농사 망치는 10대 비결

불내·불용
결코 인내하고 용서하지 않는다.

몰이해
배우자의 언행을 일절 이해하고 배려하지 않는다.

칭찬 금지
서로 칭찬을 멀리하고, 맘대로 미워하고 저주한다.

애정 표현·선물 금지
일체의 애정 표현이나 선물을 금한다.

폭력 난무
갖가지 폭력 · 욕설 · 바가지를 일삼는다.

외도·무관심
과감히 외도하고, 배우자나 자녀가 무슨 짓을 하든 상관하지 않는다.

따로 통장
부부가 서로 딴 호주머니를 찬다.

172

비교

배우자 앞에서 다른 이성의 자랑을 늘어놓는다.

험담·중상모략

시댁 혹은 처가에 대해 험담과 중상모략을 일삼는다.

기념일 무시

결혼기념일, 배우자의 생일, 부부의 날 등 관련 기념일을 아예 무시한다.

〈출처〉 세계부부의날위원회

Courtship after Marriage

어리석은 짓은
하지 마라

부부 사이에 신뢰란 개인에 따라 독립심 · 성실함 · 정직함 · 충직함 등
여러 가지를 의미하지만 그 본질은 정서적 안정 이다.
사랑과 성적 충족은 시간이 지남에 따라 바래질 수 있지만 신뢰는 영원하다.
신뢰를 얻었을 때 당신은 모든 것을 얻은 것이다.

게럴 S. 에이버리

어느 부유한 부부가 운전사 모집 공고를 내서 최종 선택을 앞두고
지원자 중 4명이 남게 되었다.

여주인은 그들을 발코니로 데리고 가서 질문했다.

"진입로를 따라 서 있는 벽이 보이지요. 리무진에 흠집을 내지 않고
저 벽에 얼마나 가깝게 붙여 운전할 수 있나요?"

첫 번째 후보는 30cm 정도라고 대답하고 두 번째 후보는 자신 있게
15cm라고 말했다.

세 번째 후보는 8cm 정도로 할 수 있을 거라 답했다.

그리고 네 번째 후보의 차례가 되었다.

"잘 모르겠습니다. 가능한 저 벽이나 다른 위험 요소와 멀리 떨어져
운전하는 것이 제 책임이라고 생각합니다."

합격자는 네 번째 후보였다.

진정한 운전 기술은 아슬아슬하게 위험을 피하는 게 아니라 안전거리를
두는 것임을 이해하고 있었기 때문이다.

안전하게 가는 게 가장 현명한 행동이다.

마찬가지로 결혼이나 가족, 우정, 경력, 직장을 하룻밤의 불장난으로 위험에
빠뜨리는 사람은 어리석은 곡예를 하는 것과 같다.

일찍 알았더라면

오래전에 잠깐 알고 지낸 사람 가운데 각 도시는 물론 골목골목마다 애인이 있는 남자가 있었다.

특별히 잘생기지도 못생기지도 않은 평범한 외모였는데 그와 함께 있으면 누구나 편안함을 느꼈다. 그는 남자든 여자든 상대방을 중요한 사람으로 대해주었다. 그 사람으로 하여금 마치 자신이 그에게 있어 유일한 존재라는 인식을 갖게 했다. 이것이 그의 인기 요인이었을까.

이 능력은 특히 여성에게 강력하게 작용해 그에게는 수많은 연인이 있었다. 그로 인해 그는 회사를 오래 다닐 수 없었고 그 후 우리는 오래도록 연락이 끊겼다. 그리고 어느 날, 레스토랑에서 우연히 그를 다시 만났다.

"오랜만이야. 잘 지냈나?"

그는 엉뚱한 대답을 했다.

"내 애정 생활이 궁금한 건가? 음, 시내 북쪽 끝에 사는 외로운 가정주부를 만났어. 그녀는 정말 비열한 남자와 결혼했었지. 막나가는 부랑자에 사악한 인간이었어. 그래서 내가 그 집으로 들어가 모든 걸 변화시켰네. 일생에서 그토록 재미있고 기뻤던 적은 없었지. 인생은 정말 멋진 거야."

"혹시…… 내가 아는 여자분인가?"

"물론이지. 내 아내를 만난 적이 있잖아."

"그래, 그렇지. 근데 도대체 어떻게 된 일이야?"

그는 심각한 표정으로 말했다.

"다른 여자를 유혹하듯 아내를 즐겁게 하고 칭찬하고 관심을 보이고 다정히 대하면 이 세상에서 가장 아름답고 사랑스러우며 친절하고 신중하며 낭만적인 여인과 함께 살 수 있다는 사실을 깨달았네. 더 일찍 알지 못한 게 유감이야. 이제 난 잃어버린 시간을 만회하고 있다네."

위험한 일

섹스는 어떤 면에서 불꽃과 비슷합니다. 섹스는 결혼 생활에 속해 있을 때, 불꽃은 벽난로에 속해 있을 때 따뜻하고 확실한 기쁨을 준다. 그러나 만약 불꽃이 벽난로 밖으로 나오거나 섹스가 부부의 결혼을 벗어나면 그것은 우리를 태우고 모든 것을 파괴시킬 것이다.

혼외정사는 순간의 쾌락을 제공하지만 순식간에 삶과 결혼을 연기 속으로 사라지게 만들 수 있다. 그러니 어리석은 짓은 애초부터 피하는 게 이롭다.

나는 몇 년 전, 한 잡지사와의 인터뷰에서 때때로 여비서와 함께 식사를 하느냐는 질문을 받았다.

"물론, 아닙니다."

단호한 대답에 기자는 놀랍다는 듯 다시 물었다.

"물론 아니라는 건 무슨 뜻이지요?"

나는 여비서와 식사하며 의논할 일이 없을뿐더러 괜한 오해를 사서 위험에 처하고 싶은 생각이 없다고 답했다.

이혼 부부의 50퍼센트가 직장에서 다른 이성을 만나 결혼이 파국에 이르렀다고 한다. 만약 내가 여비서와 따로 식사를 한다면 잃을 건 많고 얻을 건 하나도 없는 셈이다.

또 무엇보다 나는 아내를 너무 사랑하기에 단 한순간도 그녀에게 불편한 감정을 느끼게 하고 싶지 않다. 아내와의 관계에 해가 되는 일은 만들고 싶지 않다.

그냥 친구 사이

이성과의 관계를 친구 사이라고 이야기하는 사람들이 있다. 물론 사실일 수 있고 또 실제로 초기에는 사실인 경우가 많다. 그렇지만 시간이 지날수록 그 관계는 단지 우정이 아닌 무언가 다른 감정으로 변하는 일이 다분하다.

점점 두 사람은 마음을 터놓고 신뢰하게 된다. 아주 사소한 정보를 나누고, 서로 비슷한 점을 발견하며 친밀해진다. 이제 배우자와는 맞는 점이 하나도 없지만 새로 사귄 그 사람과는 모든 관심사가 일치하는 듯 보인다. 상대에게 신체적 매력을 느끼게 되고 결국 호르몬이 왕성해져 필연적인 일이 발생한다. 결코 의도하지 않은 '사랑'이. 비극적이게도, 치명적인 결과를 가져올 상대에 대한 끌림을 처음에는 본인들조차 부정한다. 서로 눈을 마주치고, 복도를 지나칠 때마다 특별히 인사를 나누고, 주차장이나 카페에서 우연히 마주치고, 인사를 나누거나 서류를 건네줄 때 손을 스치는 일 등은 무시해선 안 될 적신호이다.

뻔한 사실을 알아차리지 못하는 척해 봐야 소용없다. 보통 수준의 지능을 가진 사람이라면 그들이 서로에게 끌리고 있음을 한눈에 간파한다.

만약 그러한 일을 맞닥뜨린다면 아무 일 없는 듯 가장하기보다 이렇게 대처해라.

- 무슨 일이 있었는지 정직하게 인정한다.
- 배우자에게 했던 서약을 기억한다.

• 심각하지만 의미 없는 남녀 사이는 없음을 명심한다.

자신을 변호하기보다 위험을 감지한 순간 도덕적 책임을 불러일으킬 수 있는 용기를 가지세요. 제동을 걸고 뒤로 물러서서 모든 불필요한 행동을 주의 깊게 삼가라.

일찍 관계를 멈추는 것이 중요하다. 어느 심리치료사는 불륜은 은연중에 이성과의 장기적인 직장 생활과 결혼 서약의 의미를 잘못 이해하는 데서 발생한다고 했다.

"결혼 서약은 '나는 당신을 돌보고, 당신의 욕구를 충족시키기 위해 최선을 다하겠다'라는 의미이다."

결혼 서약을 하는 이유는 배우자가 불륜을 저지르지 않길 바라기 때문이다. 제인 엘렌스는 이러한 개념을 한층 발전시켜 '창의적인 성실성' 개념을 제시했다.

"결혼에서의 성실성은 욕망을 억제하는 그 이상의 의미를 갖는다. 정절은 단지 혼외정사를 하지 않는 게 아니라 서로 확실한 행동을 보여주는 것이다. 이는 우리가 한 서약을 성실하게 지켜야 되는 것으로, 결혼 생활에서 언제나 '인간중심적'으로 살고 상대방의 안녕을 염두에 둔다는 맹세, 정직하고 개방적인 커뮤니케이션을 실행하겠다는 맹세이다."

그녀는 창의적인 성실성이란 '배우자의 자유와 성숙함, 발전에 헌신하겠다'라는 뜻이라고 했다.

믿음이 없으면
행복도 없다

결혼 생활에서 믿음의 중요성은 스티븐 코비가 〈우수 경영자〉에 쓴 칼럼에도 강조되고 있다.

한 남자가 상담을 하고 싶다며 코비를 찾아와 이야기를 시작했다.

"내 머릿속은 온통 오늘밤 걸려올 아내의 전화로 가득 차 있습니다. 그녀는 내가 집을 떠나 있을 때마다 밤에 전화를 걸어 마치 심문하듯 질문을 퍼붓습니다. '오늘은 누구와 같이 있었어? 무슨 이야기를 했어? 어떤 재미있는 일이 있었어?' 그녀의 어조는 언제나 '그 말이 사실인지 확인하려면 누구에게 연락을 취해야 하지?'라고 묻는 식입니다. 아내가 뭘 확인하고 싶은지 알고 있습니다. 우리 역시 여행에서 만났으니까요. 내가 다른 여자의 남편일 때요."

남자의 말을 잠자코 듣고 있던 코비가 말했다.

"자기가 만들어놓은 문제에 빠져 있군요. 부인의 태도를 바꾸고 신뢰를 얻을 수 있는 최선의 방법은 그녀에 대한 '감정의 은행통장'

을 만들어 저축을 시작하는 것입니다. 그렇다고 너무 빨리 좋은 결과를 기대하지는 마세요. 상당한 변화가 보이려면 수천 번 저축을 해야 합니다."

'감정의 은행통장'에 저축하는 것은 구애와 친절한 행동, 정직과 노력이다. 반대로 무례한 말, 위협, 과잉반응 등은 잔고를 갉아먹는다.

결혼 관계에서 신뢰와 편안함은 '나는 믿을 만한 사람이므로 믿어도 좋다'라고 말해주는 친절과 사랑, 정직의 저축을 통해 쌓인다. 그리고 완전한 신뢰와 안정이 만들어지기까지는 오랜 시간이 걸리는 법이다.

남자의 아내는 그가 다른 여자들에게 어떤 모습을 보이는지 잘 알고 있다. 바로 자신이 한때 그 '다른' 여자였기 때문이다. 만약 그가 재혼한 아내에게 한 것처럼 첫 번째 아내에게도 열정을 바쳐 구애했더라면 상황이 어떻게 달라졌을지 궁금하지 않은가?

결혼을 끝맺는 가장 잔인한 결별은 불륜으로, 신뢰를 저버린 경우이다. 신뢰와 정절은 결혼에서 가장 중요하다.

나는 오랫동안 전국 각지를 돌며 다양한 분야와 계층의 사람을 만났다. 개중에는 대통령과 국회의원, 재벌, 연예인 등 유명인도 많이 있었다. 장담하건대 이들 가운데 배우자에게 100퍼센트 성실하지 않으면서 행복한 사람은 없었다.

다른 선택의 여지는 없다. 결혼해서 행복해지고 싶다면 절대적으로 배우자에게 성실해야 한다.

《유나이티드 리포터》의 저자 폴 존슨은 말했다.

"진실만이 가장 상식적인 충고다. 결혼 전에는 순결하고 결혼하고 나서는 정절을 지켜라."

그렇다면 이런 질문이 뒤따를 것이다.

"그럼 왜 현실의 수많은 남녀가 혼외정사를 벌일까요?"

그건 대부분의 사람이 '혼란'을 느끼기 때문이다. 무엇이 혼란스러운 것인가?

쾌락 추구냐
행복 성취냐

행복하고 만족스러운 결혼 생활을 평생 유지하려면 쾌락과 행복의 근본적인 차이를 이해할 필요가 있다. 오늘날 사회는 쾌락을 중심으로 돌아가고 쾌락 그 자체를 신봉하기에 이는 꼭 짚고 넘어갈 문제이다.

쾌락과 행복의 차이는 무엇일까? 쾌락은 극히 순간적인 반면 행복은 오래 지속된다. 쾌락은 탐닉하는 행동이고, 행복은 어떤 상태이다. 사전적인 의미로 보면, 쾌락은 '희열·기쁨·즐거움'이고 행복은 '좋은 상태 · 평온한 태도 · 행운 · 번영'이다. 행복은 우리의 안녕과 함께 하는 만족이며 가장 순수한 애정으로부터 나오는 정화된 즐거움이다.

간단히 말해, 행복은 오랫동안 지속되는 감정이다.

쾌락이 포함되지 않은 행복은 없지만 쾌락에는 행복이 함께 하지 않는다. 쾌락을 추구하기 전에 스스로에게 다음의 세 가지 질문을 던져 보아라.

쾌락을 무한히 반복하면 행복해질 수 있는가?

- 하루 3번, 일주일에 7일, 1년 365일 디저트를 먹고 간식으로 달콤한 쿠키를 먹는다. 과자를 먹으면 기분이 좋다. 그런데 체중이 200킬로그램이 넘어가도 여전히 행복할 수 있을까?

- 코카인은 쾌락을 가져온다. 하지만 코카인은 뇌가 도파민이나 부신수질에서 분비되는 호르몬을 만들어내는 능력을 파괴한다. 이 두 가지가 몸에 없으면 행복을 느끼는 것이 불가능하다. 쾌락을 얻기 위해 코카인을 이용하지만 그것은 결국 행복해질

가능성을 파괴한다.

　두 가지 예를 모두 읽었다면 다시 처음의 질문으로 돌아가 보자. 쾌락을 되풀이해서 행복해질 수 있을까요? 대답은 'NO'이다. 함부로 쾌락을 좇지 마라.

쾌락에 빠져 있음을 배우자에게 흔쾌히 알릴 수 있는가?

혼외정사와 관련 있는 경우는 '아니오'라고 대답할 것이다. 그리고 이 대답은 많은 결혼 생활을 지켜줄 것이다. 심지어 불륜으로 이어질 수 있는 '지나친 우정'의 시작도 이것으로 막을 수 있다.

　당신은 이성 동료와 45분간 점심을 함께 하며 개인적인 문제를 상담한 사실을 배우자에게 말할 수 있는가?

　오전 근무만 하고 그 사람과 함께 영화를 보며 울고 웃었다고 배우자에게 기꺼이 이야기할 수 있는가?

　행동에 옮기기 전에 이 같은 질문을 하는 습관을 들이면 실제 일이 벌어진 뒤에 고통과 슬픔을 겪지 않아도 된다.

쾌락을 위해 다른 사람의 행복을 희생시켜야 하는가?

다른 사람을 희생시켜야 하는 쾌락은 자제해야 한다. 누군가를 불행하게 하고 행복해지는 것은 절대 불가능하다.

휴일에 취미 생활을 즐기기 위해 홀로 현관을 나서기 전 집에 남은 가족의 행복에 대해 한번 생각해 보아라.

한 친구는 꼭 보고 싶었던 축구 경기의 티켓을 간신히 구했다. 그런데 마침 그날 아들의 교회 연극 공연이 예정되어 있었다. 그는 결국 축구 경기를 포기하고 아들의 공연을 보러갔다. 그가 경기를 관람하고 얻을 수 있는 기쁨은 아들이 아버지가 자기를 얼마나 중요하게 생각하는지 알게 된 기쁨에 비하면 아무것도 아닐 것이다.

불륜이 그렇게 나쁜가

〈USA 투데이〉에서 여성 3천 명과 남성 1천 명에게 설문 조사를 했다. 결과를 보면, 남녀 10명 가운데 7명이 '정절이 근사한 성관계보다 중요하다'고 답했다.

"정절과 경제적인 안정 가운데 어떤 것이 더 중요한가?"라는 질문에는 여자는 10명 중 6명이, 남자는 5명이 정절을 선택했다. 그리고 대다수(75%)가 정절이 로맨스를 유지하는 것보다 중요하다고 답했다.

그렇다면 결론은, 상대에 대한 성실함이 결혼의 다른 모든 낭만적인 부분보다 더욱 중요하다는 것이다.

생각해 보아라. 만약 배우자가 당신과 사랑을 나누는 동안 머릿속으로 다른 '애인'을 그린다면 그 사실을 알고도 그에게 성적으로 흥분할 수 있는가?

모든 남성이 바라는 이상적인 배우자의 자질을 갖춘 한 여성이 있었다. 어느 날, 그녀는 몹시 상심한 모습으로 남편이 여비서와 점심을 먹으러 갔을 때 얼마나 걱정했는지 눈물을 흘리며 이야기했다.

그녀의 남편은 아내가 이성적이지 못하다고 비난하고, 조금도 걱정할 일이 아니라고 위로했다. 하지만 1년 후 그들의 결혼은 산산이 무너지고, 여덟 살도 되지 않은 세 아이는 더는 집에서 아빠를 보지 못하게 되었다.

한번 불륜은 또 다른 불륜으로 이어질 가능성이 높다. 처음이니까 괜찮겠지 하고 시작하다가 종국에는 문란한 성생활로 이어지게 된다.

진정한 행복은 정신적인 요소를 포함한 관계에서 나오는 것이다. 비도덕적인 성관계에서는 모든 게 쾌락을 위한 수단으로 기능할 뿐이다.

나를 믿지 않는다

나는 내 본성을 믿지 않으며, 절대 유

혹에 넘어가지 않을 거라 자만하지 않는다. 언제든 내 뜻대로 달아날 수 있는 기회가 허락되지 않는 상황에 빠져들 수 있음을 안다.

그렇기에 나는 알아서 조심한다. 절대 아내가 아닌 다른 여자와 단둘이 있지 않는다. 너무 지나치다고 여길지 모른다. 그렇지만 아내는 내가 그렇게 하는 것을 100퍼센트 인정하고 심지어 아주 열정적으로 지지한다.

한 남자가 39년을 함께 살아온 아내와 헤어지게 되었다. 아내에게 다른 연인이 생긴 것이다. 그녀는 처음에 그를 단지 '차 한 잔 마시는 관계'라 설명했고, 후에는 "그냥 친구 사이예요. 세상에, 그는 나보다 훨씬 어리다고요."라고 말했다. 하지만 아내는 결국 남편과 이혼하고 그 어린 남자와 재혼했다.

또 다른 남자는 나이가 지긋하고 아이와 손자, 증손자까지 있었지만 젊은 여자를 만나 50년간 이어온 결혼 생활을 정리했다.

의지력과 상상력

불륜을 피하기 위해 자신을 보호할 수 있는 최상의 방법은 불순한 생각을 하지 않는 것입니다. 불륜은 결코 돌발적인 행동이 아니다. 마음에 뿌리내린 사고가 행동에 영향을 미치는 것이다. 실제 간통이 행해지기 전에 먼저 마음으로 일을 저지르는 것이다.

특히 포르노 잡지, 음란 동영상 등을 자주 접하면 그러한 쪽으로 상상력이 발달해 이성의 유혹에 쉽게 도덕적 결단력이 약해질 수 있다. 한 현자는 이렇게 말했다.

"의지와 상상력이 대결한다면, 상상력에 돈을 걸어라."

노먼 커즌스가 이에 대해 자세히 설명했다.

"이런 외설물이 널리 유포되었을 때의 문제는 그것이 우리를 타락시키기 때문이 아니라 둔감하게 만들기 때문이며, 열정을 보여주는 게 아니라 감정을 불구로 만들기 때문이고, 성숙한 태도를 키우지 못하고 유치한 집착을 반영하기 때문이며, 장막을 걷어버리지 않고 관점을 왜곡시키기 때문이다. 섹스의 기술은 찬양받지만 사랑은 거부당한다. 거기에서 볼 수 있는 것은 자유가 아니라 인간성의 말살이다."

포르노에 대한 충동은 성욕에서 나온다. 리처드 엑슬리의 말에 따르면, 성욕은 생리적인 현상이나 호르몬의 부산물이 아니다. 만약 그렇다면 한 잔의 물이 목마름을 해결하는 것처럼 성욕은 성적 경험으로 충족될 수 있다.

엑슬리는 "성욕은 충족시키려 하면 할수록 더 많이 요구한다."고 했다. 그렇기에 성욕에 집착을 거부하는 것은 정당한 충동에의 억압

이 아니라 성도착을 없애는 일이다.

그는 욕망에 대한 집착과 신이 주신 선물인 섹스 사이의 관계를 암세포와 정상 세포에 비유했다. 암세포는 잘라내야 하지만 정상 세포는 더욱더 키워나가야 한다. 집착은 도려내야 하지만 섹스는 소중히 여겨야 한다. 섹스를 부인한다고 금욕적인 성자가 되는 게 아니다. 우리가 결혼이라는 울타리에서 이를 존중할 때 오히려 완전히 자유로워지고 성적으로 무한히 표현하게 된다.

실제적 조처

하나의 조처는 믿을 만한 사람, 즉 배우자나 동성 친구와 자신의 고통과 약점을 나누는 것이다.

앞에서 나는 결혼 생활의 문제를 친구에게 말하지 말라고 했다. 그것과 모순되는 말을 하려는 것은 아니다. 중요한 건 책임감이다.

내가 아는 한 남자는 3명의 친구와 정기적으로 모임을 갖고, 윤리적 문제나 개인적인 약점에 대해 이야기한다. 그들은 서로에 대해 책임을 가진다. 만약 적절한 대응이 필요한 상황이 발생하면 그들은 서로 도움을 주고받는다.

또 다른 조처는 감정에 얽매이거나 의존적이 되지 않는 것이다. 비록 도움을 주려는 의도에서 시작된 관계일지라도 그것이 곧장 성적으로 연결되는 경우도 있다. 어느 젊은 목사는 남편의 불륜으로 파경을 맞은 한 이혼녀를 상담해 주었다. 목사의 아내가 위험한 상황임을 감지하고 남편에게 돌아올 것을 간청했지만 그는 오히려 그녀의 어리석음을 꾸짖었다. 하지만 결국 두 사람은 이혼했다.

마크 트웨인은 아주 훌륭한 충고를 했다.

"유혹을 막을 수 있는 방법이 몇 개 있는데 그중 가장 확실한 건 겁쟁이가 되는 것이다."

아내를 보호하라

오늘날 자유롭고 개방적인 사회에서 가장 비극적인 건 부부가 다른 부부와 자주 만남을 가지는 것이다. 시간이 지나면서 점차 가까워지고 편안한 사이가 되며 심지어 아주 친밀한 관계로 발전한다. 그로 인해 때로 상식과 예의를 벗어나 다소 지저분하고 외설적인 이야기까지 나누게 된다.

남편이여, 그런 생활에 노출되지 않도록 아내를 보호해라. 처음에는 순수하게 시작하더라도 관계가 익숙해지면 '다른 시도'를 하게 될 가능성이 있다. 누구든 비도덕적인 말과 행동에 빈번히 노출되면 비도덕적인 생각을 하게 되고 이는 비도덕적인 행동으로 이어진다.

심지어 어떤 이는 불륜을 저지를 상대를 찾아다니기도 한다. 마땅한 상대를 유심히 살피고, 은근슬쩍 천박한 제의를 던진다. 거기에 상대가 걸려들면 불륜으로 발전한다.

인생에 가장 비극적인 일은 남편이나 아내 그리고 친한 친구를 동시에 잃어버리는 일이다. 의심이 가는 행동을 멈추게 할 수 있는 가장 좋은 시기는 그것이 처음 뇌리에 떠올랐을 때이다.

현실과 상상은 다르다

사랑과 섹스, 불륜, 학대, 배신을 비현실적으로 왜곡해 극화한 텔레비전 드라마에 지나치게 몰두한 나머지 현실의 배우자를 등한시하고 환상 속에 빠져 사는 사람들이 있다.

자신도 모르게 무의식적으로 드라마 속 '근사한 남자'와 배우자를 비교하는 것이다.

사람의 상상력은 멋대로 뻗어 나가는 능력이 있어 일단 상상력이 가동되면 그동안 성실히 사랑해온 배우자의 실체는 무시하고 다정하고 사려 깊은 드라마 속 주인공에게 매력을 느끼게 된다.

그러한 환영에 사로잡힐 때는 가슴 깊은 곳에 감춰둔 기억 영상을 돌려 배우자를 처음 만났을 때 그가 얼마나 매력적이었는지 떠올려 보아라.

책임감이
가장 강력한 무기

마지막으로, 불륜과 이혼의 비극을 피해가기 위한 실용적이고 효과적인 충고로 결론을 짓겠다.

한 친구가 이런 이야기를 했다. 자신과 아내는 매일 밤 서로에게 사랑을 고백하고, 잠들기 전 이렇게 말한다고 한다.

"내가 오늘 당신에게 충실했다는 걸 알아주기 바람."

그 이야기를 들은 뒤로 아내와 나 또한 매일 밤 똑같이 그렇게 해왔다. 이처럼 매일 잠들기 전에 오늘 자신이 배우자에게 충실했는지 아닌지 말해야 한다면 바깥에서의 행동을 조심하게 되지 않을까 한다. 책임감이야말로 가장 강력한 무기이다.

부부 관계 자가 진단

- 부부 사이에 똑같은 문제가 반복된다.

- 중요한 문제에 진전을 보지 못한다.

- 토론할 때마다 서로에게 상처를 준다.

- 비난과 오해를 받는 느낌이 든다.

- 배우자의 불합리한 요구가 너무 많다.

- 배우자가 나를 싫어한다는 느낌이 든다.

- 배우자는 내 기본 성격을 바꾸고 싶어 한다.

- 흥분하지 않으려고 자주 침묵하거나 물러선다.

- 의견이 다를 때 존중받지 못한다고 느낀다.

- 배우자가 종종 이기적으로 행동한다.

- 내 말은 거의 효과가 없다.

- 중요한 문제를 논쟁할 때 제압당한다는 느낌을 받는다.

- 결혼 생활에서 있는 그대로의 나로 지낼 수 없다.

- 배우자가 교묘하게 나를 조종한다고 생각한다.

- 배우자는 때로 내 감정을 배려하지 않는다.

- 배우자는 변화하려는 노력을 하지 않는다.

- 배우자의 성격에 근본적인 결함이 있다.

- 배우자가 나의 기본적 욕구를 무시한다.

- 배우자가 나라는 존재를 하찮게 여기는 것 같다.

- 배우자는 나는 모두 틀렸고 자신은 모두 옳은 것처럼 행동한다.

'그렇다'가 4개 이상 나오면 전문적인 상담이 필요하다.

〈출처〉 한국결혼지능연구소

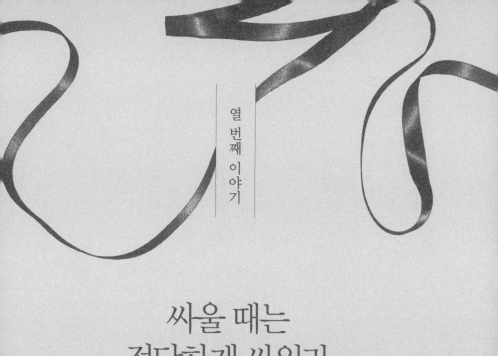

열 번째 이야기

싸울 때는
정당하게 싸워라

오직 용감한 사람만이 용서할 줄 안다.
비겁한 사람은 절대로 용서하지 않는다.
그것은 그의 본성이 아니기 때문이다.

로버트 멀러

한 부부가 결혼 50년 만에 처음으로 싸움을 했다.

다음 날, 아내는 베개 밑에서 쪽지를 발견했다.

남편이 보낸 것이었다.

"사랑하는 여보, 우리 신혼 끝날 때까지 싸우지 말자."

모든 부부는 갈등을 겪는다.

한 신부는 결혼식 피로연 도중 신랑과 싸우고 집에 가는 길에 남편을

차로 치어 죽였다고 한다.

결혼 전문가 H. 노먼 라이트는 이렇게 말했다.

"원만한 부부 생활을 하는 이들이라고 두 사람의 행동이나 생각이 같은 것은

아니다. 단지 그들은 서로 수용하고 이해하고 칭찬하는 과정을 통해 차이를

받아들이는 방법을 알게 된 것이다. 나와 그가 다른 것은 당연한 일이다.

때로 다름은 서로에 대한 흥미를 북돋울 수 있다."

사람은 각기 추구하는 가치와 욕구가 다르기에 충돌이 일어날 수밖에 없다.

충돌은 마치 다이너마이트 같아 잘 쓰면 많은 이점이 있지만 잘못 쓰면

끔찍한 재앙을 불러온다.

이기심이 문제

갈등이 생기는 이유는 이기심 때문이다. 자기의 이익만 챙기려는 마음이 모든 문제의 근원입니다. 이기심은 결혼 생활의 모든 돈·시간·결정·섹스를 자기 방식대로 하기 원하고, 자신의 쾌락과 권리를 먼저 생각하며, 배우자야 어찌 되든 자신의 자유와 개인적인 야망만을 주장하는 것이다.

이기심을 없애기 위해 우리는 항상 스스로에게 "지금 이기적인 행동을 하고 있지는 않은가?"라고 질문해야 한다.

진정한 사랑은 요구하지 않다. 단지 베풀 뿐입니다.

버릇없는 남편들

남편들이 너무나 당연하게 저지르는 버릇없는 행동을 살펴보겠다.

한 가족이 앉아 텔레비전을 보고 있다. 남편은 다른 가족과 의논하지 않고 제멋대로 이리저리 채널을 돌린다.

남편은 힘든 한 주를 보냈고 그가 생각하기에 아내는 아무 일도 하지 않았다. 따라서 자신에게 보상을 내리기 위해 토요일 아침 일찍 낚시를 하러 나간다.

남편이 힘든 일과를 마치고 집에 돌아와 소파에 털썩 몸을 던지며 아내에게 마실 것을 가져오라고 명령한다.

남편은 건강을 위해 아침 운동을 가고 그사이 아내는 아이를 학교에 보낼 준비를 하고 남편의 식사를 차린다.

남편이 새 차를 샀다. 집안 살림이 빠듯하지만 꼭 가지고 싶었던 것이기에 일단 구입한다. 그가 생각하기에 생활이 어렵다고 여유가 생길 때까지 기다리다가는 아무것도 하지 못하고 나이가 들어버릴 것 같다.

남편은 저녁을 먹고 거실로 자리를 옮겨 텔레비전을 본다. 설거지를 하고 아이를 재우는 일은 그리 힘든 일이 아니고 금방 끝나니 아내 혼자 해도 된다고 생각한다.

아내와 남편이 나란히 앉아 텔레비전을 본다. 하루 중 유일하게 두 사람이 함께 하는 시간이다.

남편이 보기에 왜 그러는지 도저히 알 수 없지만 아무튼 지친 아내와 배불리 먹고 푹 쉰 남편은 침대로 간다.

남편이 아내와 잠자리를 시도한다. 그녀는 별 흥미가 없어 보인다. 그 태도에 그는 무척 놀라고 상처받으며 당황하고 화를 낸다. 그가 생각하기에 그 여자는 자신과 결혼한 사이이고, 섹스는 자기의 '권리'인데 말이다.

위와 같은 정도는 아니겠지만 버릇없는 남편이 많은 것은 사실이다. 대개 남자는 자신이 베푼 것보다 더 많은 것을 받을 것이라 너무도 당연히 기대한다. 그러한 자신의 기대가 어그러지면 어린아이같이 화를 내기도 한다.

부끄러운 일

우리가 결혼하고 몇 달이 지난 어느 날, 아내가 친정에 다녀오겠다고 말했다. 나는 당황했다. 결혼한 지 1년도 되지 않았는데 어째서 친정에 가고 싶어 하는지 이해할 수 없었다. 이렇게 친절하고 다정한 남편이 있는데!

나는 상처받고 거부당했다고 생각하면서 순교자처럼 그녀의 여행을 '허락'했다. 우리는 그녀가 돌아올 날을 확실히 정했고, 반드시 그 날짜에 도착하리라 믿었다.

그런데 아내는 집에 오기로 예정되어 있던 2시간 전에 연락을 취해 친정에서 하루 더 지내겠다고 말했다. 나는 너무나 화가 나 다시 그녀에게 전화해 마구 퍼부었다.

오늘 돌아올 거라 생각했는데 갑자기 그런 전화를 받아 너무 실망했고, 나는 지금 무척 화가 났으며, 당장 집으로 오길 바란다고 이야기했다. 그러고 나서 미숙한 감정의 폭발과 이기심이 결합된 태도로 전화를 끊어버렸다.

아내는 그다음 날 집에 도착했다. 그녀는 자신의 '용서받지 못할' 행동을 사과했지만 나는 비겁한 아내에게 벌을 주기로 결심했다. 각방을 쓰자고 말한 것이다.

나는 너무 유치하고 이기적이며 어른답지 못한 행동으로 그녀를 상처 주었음에도 그 사실을 며칠 뒤에야 깨달았다. 뒤늦게 그녀에게 용서를 구하자 아내는 내 사과를 너그럽게 받아주었고 그렇게 그 사건은 막을 내렸다.

그 일이 일어난 며칠간 우리는 둘 다 비참한 상태로 지내야 했다. 아내가 전화를 걸었을 때 그녀를 이해했다면, 아내가 집에 돌아와 용서를 구할 때 아량 있게 넘어갔다면 그런 일은 일어나지 않았을 것이다. 그러지 못한 옹졸한 마음이 결국 둘 다에게 스크래치를 냈다.

그런 여자, 세상에 없다

슈퍼 아내는 존재하지 않고 앞으로도 존재하지 않을 것이다. 헌신적인 직원, 노력하는 주부, 베스트 드라이버, 세련되고 멋진 안주인, 가정교사, 훌륭한 요리사, 좋은 친구, 동료, 열정적인 애인. 어느 누구도 이 모든 역할을 완벽히 해낼 만한 에너지는 없다. 그럼에도 아내들은 해내기 위해 노력한다. 남편들은 아내가 하는 일 가운데 딱 하나만 제대로 해내려고 해도 금세 지치고 말 것이다.

일방적인 봉사, 잘못된 가치 기준, 배우자의 욕구에 대한 무관심은 필연적으로 갈등을 불러오고 환상을 깨뜨리며 고통과 이혼 또는 긴장으로 얼룩진 결혼 생활을 초래한다.

남편이여, 만약 아내가 직장에 나가 온종일 열심히 일하고 들어와 가정에서 또다시 2~3배 일을 해야 한다면 피로가 누적되어 결국 필연적으로 분노를 터뜨리게 될 것이다.

물론 아내만 이러는 건 아니다. 어떤 남편은 밤늦게까지 잔업을 하고 집에 돌아와 청소를 하고 혼자 저녁을 해 먹는다. 또 온종일 고생하고 집에 돌아오는 길에 아내의 심부름을 제대로 하지 않아 잔소리를 듣기도 한다.

균형이 중요하다

남편과 아내는 종종 자신의 일이나 친구, 취미 활동으로 무척 바빠 부부간의 관계는 무시하는 경우가 많다.

찰스 스윈든은 이렇게 말했다.

"우리는 일을 숭배하고 있다. 여가를 누려야 할 때 일을 하고 예배를 봐야 할 때 여가를 즐기지 않는가."

메리 케이 화장품사의 창립자인 메리 케이 애시는 한 인터뷰에서 이렇게 말했다.

"나는 가능한 오랫동안 일하고 싶습니다. 하지만 그 과정에서 남편이나 가족을 잃는다면 잘못된 길을 가고 있는 것이죠. 혼자 돈을 세는 건 아무 재미가 없으니까요."

메리 케이는 가정을 앞에 두고 그다음으로 일을 생각하라고 말한다. 이 방법은 실제로 인생을 매우 균형 있게 만들어준다. 계란을 한 바구니에 모두 넣으면 한 방에 전부 잃는 수가 있다. 예를 들어, 회사에 자신의 모든 것을 걸면 직장을 잃는 순간 삶 자체가 황폐해진다.

기업 심리학자 데이비드 시로타는 이렇게 말한다.

"자신의 전부를 일에 걸면 문제가 생긴다. 정상적이고 건강한 사람은 인생에 일, 여가, 사랑 세 가지 측면의 균형을 유지해 세 가지를 모두 얻는다."

한 가지에 지나치게 몰두할 경우 당하는 불이익은 자신뿐 아니라 배우자에게도 영향을 미친다. 일에 파묻혀 시간을 보내는 사이 배우자는 무시당한다고 느끼고 자아상이 저하되어 고통 받는다. 심하면 배우자는 화가 나고 우울한 마음에 약물이나 알코올에 중독되거나 불륜 등에 빠져들 수 있다. 그리고 그 최후는 결혼 생활의 파탄일 것이다.

인생 수레바퀴

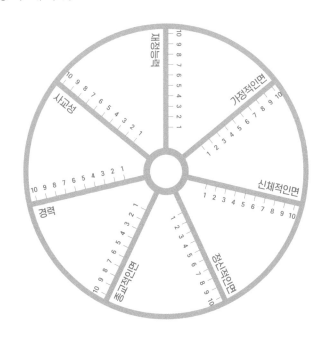

　　　　　　수레바퀴의 중심원에 자신의 이름을
적은 다음, 그림을 잘 보고 자신이 현재 각 분야에서 어떤 위치에 있
는지 숫자에 점을 찍어 등급을 매긴 뒤(1이 가장 낮고 10이 가장 높다) 표시

한 부분을 원으로 연결해라.

먼저 자신의 것을 만들고, 그다음에 배우자가 어떻게 생각할지 추측해 그의 것도 작성해 보아라. 그리고 자신이 했던 그대로 배우자에게 똑같이 해 보도록 해라. 다 완성되었으면 서로 그림을 비교해보고 그에 대해 토론해라. 이야기 끝에 보다 발전하고 싶은 부분이 있으면 두 사람이 의논해 그에 대한 목표를 세워라.

이 그림은 '인생 수레바퀴'를 나타낸다. 바퀴가 원만하지 않아도 큰 문제는 없다. 그보다 정확한 동그라미가 만들어졌어도 전부 1에 해당하면 그것이 큰 문제이다.

뛰어난 연설가이자 트레이너인 브라이언 플래니건은 몇 년 전 지금 설명하고 있는 실험을 한 적이 있다.

사교성 부분에서 그는 자신과 아내 둘 다에게 8을 찍었는데 그의 아내는 자신을 2로 표시했다. 그는 매일 아침 일찍 밖에 나가 바쁜 하루를 보내고 밤늦게 집에 돌아오기 때문에 아이를 돌보며 집에만 있는 아내의 사정을 몰랐던 것이다. 그는 그 사실을 깨닫고 이렇게 말했다.

"아내는 훌륭한 어머니이자 전업주부로서의 생활을 즐기고 있습니다. 전직 교사인 교녀는 아이들과 집에 있게 될 날을 고대해왔죠. 그렇지만 아이에게 책을 읽어주고, 다른 엄마들 몇몇과 이야기를 나눌

뿐 사람을 만나는 일은 극히 제한되어 있었습니다. 우리는 즉각적인 개선에 나설 것입니다."

그들은 저녁 데이트를 시작했다. 일주일에 1번은 아이를 다른 데 맡기고 함께 외출했다. 그렇지 않은 주말에는 아내의 친구들을 집으로 초대해 그녀를 기쁘게 해주었다. 또 그는 집안일을 도와 아내가 원하는 일을 할 수 있도록 여유를 마련해 주었다.

이 부부는 현재를 평가함으로써 균형을 이루도록 계획을 세울 수 있었다. 당신도 그렇게 할 수 있다.

평온함과 만족

라인홀드 니버는 이렇게 말했다.

"신이여, 우리에게 변할 수 없는 것을 평온하게 받아들일 수 있는 포용력과 변해야 할 것을 변화시킬 수 있는 용기 그리고 그것을 구별할 수 있는 지혜를 주소서."

친구이자 동료인 실라 머리 베셀은 정년퇴직을 하는 남자가 이렇게 말하는 것은 들어본 적이 없다고 한다.

"처음으로 돌아가 다시 시작할 수 있다면 아침 일찍 회사에 출근해 밤늦게까지 남아 열심히 일해 실적을 쌓겠다."

이렇게 말하는 사람은 많이 보았다고 한다.

"처음으로 돌아가 다시 시작할 수 있다면 가족과 많은 시간을 보내며 아이에게 잘하고 아내에게 구애하겠다."

가족에게 많은 시간을 투자한다면 사회적으로 큰 성공을 거두는 것은 물론 결혼 생활에서 갈등이 적어지고 '싸움'도 거의 일어나지 않을 것이다.

'만약 처음으로 돌아가 다시 시작할 수 있다면……'

이런 말을 하지 않기 위해 부부가 둘 다 승리할 수 있는 공정한 싸움 방법을 알아보자. 이는 매우 중요하다. 인간은 자기중심적이고 이기적이라 늘 싸우기 때문이다.

O.K 목장의 결투

먼저 배우자는 가장 친한 친구라는 사실을 기억해라. 그리고 해결하지 못한 갈등은 곪아 터진 뒤 저절로 낫는 게 아니라 더 커질 수 있음을 명심하라. 또 누가 옳은가가 아니라 무엇이 옳은가를 생각해야 한다. 모든 싸움은 누구에게 잘못이 있든 화해의 손을 먼저 내미는 사람이 보다 성숙한 인간이다. 또 배우자를 기쁘게 하기 위해 고개를 숙이면 갑자기 뒤로 나자빠질 확률이 줄어든다.

이제 싸울 준비를 하자. 마주 보고 앉았을 때 약 50센티미터가 떨어지게끔 의자 2개를 가져다 놓아라. 그리고 배우자에게 우호적인 싸움을 원하며 그래서 중립적인 싸움터를 선택했다고 이야기해라. 그다음 배우자를 의자에 앉히고 자신은 맞은편 의자에 앉아 서로 얼굴을 마주하라.

일단 손을 뻗어 배우자의 양손을 잡아라. 의자에 앉아 얼굴을 마주 보고 손을 잡고 대화를 나누면 서로 빈정대거나 집중력이 흐트러지거나 때리거나 심한 욕을 하거나 비난하는 일은 거의 일어나지 않는다.

이제 조용한 목소리로 문제를 이야기해라. 감정을 솔직히 말하는 것이다. 배우자를 사랑하고 둘 사이에 다른 어떤 것도 끼어들지 않기를 바란다고 말한다. 이렇게 시작해 보아라.

"당신에게 실망한 건……."

"그 일은 정말 기분 나빴어."

문제를 중심에 두어야지 인신공격을 해서는 안 된다.

"당신이 한 일은 가장 멍청한 짓이야"

"어떻게 그따위로 말할 수 있어?"

주의 깊고 조용히, 다정한 표현을 써서 이야기해라.

침대에 들기 전에
화해하라

결혼 생활에서 가장 불행한 일 중 하나는 싸움이 침대에 들어가기 전까지 해결되지 않는 것이다.

싸움이나 갈등이 아침 8시에 시작되든 오후 5시에 시작되든 불화가 남편과 아내에게 불편한 감정과 상처, 고통을 남겼다면 반드시 잠들기 전에 해결하도록 해라.

마음이 불편하면 편히 잠들지 못하고 또 분노의 원인이 무의식 속에 새겨져 차츰 곪아 일이 복잡해진다.

이미 다툰 문제는 그때그때 해결해야 한다. 마음속에 감춰두거나 불평을 미뤄두어서는 안 된다. 만약 화해할 마음이 생기지 않는다면 결혼식에서의 약속을 떠올려 보아라. 그 서약은 서로 안 좋은 감정을 가질 때 갈등을 풀어 없앨 수 있는 길을 찾겠다는 의미를 담고 있다.

결혼 생활의 문제는 대개 별것 아닌 사소한 사건을 트집 잡아 생겨난다. 거기에 고집과 자존심이 더해지면 남편과 아내는 서로 용서를 구하려 들지 않는다. 부부 사이에 흔히 일어날 수 있는 일이지만 이러한 일이 거듭되면 서로에 대한 감정이 조금씩 바래 진정한 결혼 생활이 아닌 허울뿐인 관계로 치달을 수 있다.

때로 각자 감정에 휩싸여 이성을 잃은 나머지 상대가 전적으로 잘못한 것이며 그가 100퍼센트 바뀌든지 아니면 이혼이 유일한 해결책이라 생각한다.

때로 두 사람은 절대 서로 용서하지 않고 화해하지 못할 수 있다. 그러한 때 두 사람의 관계에 대해 다시 생각해 보아라. 만약 배우자를 진정한 친구라 생각한다면 문제를 덮어두고 뒤돌아설 게 아니라 주변에 조언을 구하고 어떻게든 화해할 길을 도모할 것이다.

지금까지 이야기한 것은 작은 말다툼이지 전면전에 대한 해답은 아니다. 그렇지만 대개 부부 싸움은 작은 문제로 시작해 걷잡을 수 없이 커지기에 초반에 정리해야 한다.

만약 현재 부부 관계가 심각한 상황에 처해 있다면 자격이 확실한 상담원, 심리학자, 정신 분석학자의 도움을 받아보는 것이 좋다.

원수도 사랑하라는데

20년간 목사로 봉직한 돈 호킨스에게 어느 날 한 부부가 찾아왔다. 그들은 이혼을 하기 위해 저명한 변호사에게 가기 전에 잠시 들른 것이었다. 남편이 불륜을 저질렀고 아내는 화가 나 어떤 식으로든 복수하고 싶어 했다.

두 사람은 멀찍이 떨어져 앉았다. 남편은 계속 아내를 비난했고, 그녀는 가끔 날카로운 대꾸를 했다.

돈은 그 부부에게 처음 사랑을 시작하던 그때로 돌아가 보라고 제안했다. 그러자 남자가 말했다.

"이 여자를 더는 사랑하지 않습니다."

돈이 남자에게 말했다.

"성경에 이런 구절이 있지요. 네 아내를 사랑하라"

"우리는 남편과 아내로 살고 있지 않습니다."

"성경에 이런 구절도 있지요. 네 이웃을 사랑하라."

"이 여자를 이웃으로 생각하지 않습니다. 원수이지요."

"성경에 이런 구절도 있습니다. 네 원수를 사랑하라."

그러자 남편과 아내가 입을 모아 말했다.

"사랑하지 않아요. 자신을 속이며 살고 싶지 않습니다."

목사가 마지막으로 충고했다.

"일주일간 모든 싸움을 중지하는 게 어떨까요? 집에 돌아가서 사랑하던 그때처럼 서로 대우해주세요. 남편분은 직장에서 아내에게 안부 전화를 하세요. 아내분은 훌륭한 식사를 준비해두세요. 그리고 두 사람 모두 서로에게 다정하게 말하고 포옹을 하거나 손을 잡으며 애정을 표현하세요. 일주일 후에 어떤 변화가 생길지 한번 지커봅시다."

다음 주에 그 부부가 다시 돈을 찾아왔다. 그들은 따로 앉지 않고 같은 의자에 나란히 있었다. 놀란 돈이 남편에게 물었다.

"어떻게 하기로 했습니까?"

아내가 대신 대답했다.

"남편은 우리의 10년 결혼 생활 중 그 어느 때보다 잘해주었습니다."

남편도 웃으며 말했다.

"여보, 당신은 원수를 사랑할 수 있게 된 것 같군."

섣부른 오해는 하지 않길 바란다. 이 이야기를 하면서 돈은 조심스럽게 이 부부의 문제는 하룻밤 사이에 쉽게 해결할 만한 것이 아니었다고 말했다. 그렇지만 그들은 다시 시작할 수 있는 발판은 확실히 마련했다.

오랜 결혼 생활에서 쌓인 갈등과 분노, 고통, 상처를 해결하는 데는 많은 노력이 필요하다. 그렇지만 처음 구애를 시작하던 그때로 돌아가 서로 위한다면 결혼 관계를 계속 이끌어갈 충분한 계기를 마련할 수 있을 것이다.

문제에 직면하라

만약 남편이 아내를 학대한다면 처음 그 일이 발생했을 때 당장 상황을 빠져나가야 한다. 가까운 친척에게 알리거나 학대받는 여성을 위한 안식처로 가서 남편이 술이나 약물에서 깨기를 기다려야 한다. 그리고 즉시 그에게 상담을 받도록 요청해야 한다.

통계상으로 보면 아내를 학대한 남편은 깊이 뉘우치며 다시는 그러지 않겠다고 맹세하고, 자신이 왜 그런 짓을 했는지 도저히 알 수 없으며, 그녀를 깊이 사랑하고 있고, 이 세상에서 그녀가 가장 소중하며, 그녀 없이 살아갈 수 없고, 그녀가 원하는 일이라면 무엇이든 할 수 있으며, 갖고 싶은 것은 무엇이든 사주겠다고 한다. 아내가 즉시 집에 돌아온다면 말이다. 하지만 절대 그의 말을 믿지 마라.

그 당시에는 진심일 수 있다. 그렇더라도 그가 전화하자마자 곧장 달려가는 일은 없어야 한다. 우선해야 할 것은 사과를 받고 용서하는 것이 아니라 그를 전문가에게 의뢰하는 일이다. 상담할 비용이 부담스러우면 공공 복지기관이나 사회봉사 단체에서 도움을 받을 수 있다.

나는 알코올중독인 남편과 30년을 살아온 여자를 알고 있다. 남편은 아내를 때리고 나서 그녀에게 수없는 약속을 했다. 달라지겠다고.

그렇지만 그는 계속 아내와 아이들을 학대했다. 온전한 정신일 때는 좋은 사람이었지만 문제는 너무 자주 술에 취해 있다는 것이었다.

결국 참을 수 없어진 아내는 결혼 30년 만에 남편을 버리고 집을 나왔다. 남편이 아내를 붙들고 간청했지만 그녀의 마음을 돌릴 수 없었다.

얼마 후 남편은 교회에 다니기 시작하면서 하느님께 새사람이 되겠다고 서약했다며 아내를 찾아왔다. 그녀는 남편에게 1년의 기간을 주고 그동안 성실하게 살아간다면 집에 돌아가겠다고 조건을 달았다.

그날 이후 두 사람은 부부로 함께 살지는 않았지만 남편은 꾸준히 아내를 찾아와 결혼하기 전의 연애 시절처럼 열정적이고 진실되게 그녀에게 구애했다.

그리고 1년이 지나 두 사람은 다시 가정을 이루었다. 남편은 다짐한 대로 완전히 새사람이 되었다. 그 후 부부는 죽음이 갈라놓을 때까지 사랑과 애정이 가득 찬 결혼 생활을 했다.

이 이야기의 결말은 해피엔딩이다. 그렇지만 모든 남편이 약속대로 쉽게 바뀌지 않는다. 또한 만약 남편에게 학대를 당하고도 아내가 방어를 취하지 않는다면 그는 죄의식과 책임감을 가지지 못하고 잘못을 반복할 것이고 그럼 결말은 비극일 수밖에 없다.

모든 문제가 직면한다고 해결되는 건 아니지만 그렇다고 외면한다면 고통만 키울 뿐 아무것도 바뀌지 않는다.

용서하거나 잊어버려라

앞서 소개한 사례가 행복한 결말을 맺을 수 있었던 건 아내의 희생이 있었기에 가능했다. 그녀는 오랜 기간 남편이 짊어준 고통을 감내했다. 또한 만약 아내가 남편을 용서하지 않았다면 다시 같이 산다 한들 생활에 기쁨과 재미는 없었을 것이다. 별수 없이 얼굴을 맞대고 같은 집에 살아도 그들의 감정은 사랑하는 부부의 그것과는 달랐을 것이다.

배우자를 용서하면 그다음은 스스로를 용서할 필요가 있다. 모든 문제가 해결되고 거기에서 완전히 자유로워졌음을 확실히 하기 위해 스스로를 용서하고 잘못한 부분에 대해서는 배우자의 용서를 구하라. 이렇게 하면 몸과 마음이 상쾌해지고, 아무런 장애 없이 배우자에게 구애를 하는 즐거움을 찾을 수 있다.

가장 순수한 형태의 용서는 자신이 행한 잘못의 영향으로부터 자유로워지는 것이다. 용서는 처벌이나 적대감이 있을 자리에 사랑을 베풀게 한다. 무엇보다 용서는 과거의 잘못을 되풀이하지 않기 위해 택하는 방법이다.

216

만약 간통이나 학대가 개입된 경우에는 용서를 하기가 무척 어렵다. 이때는 혼자 감당하려고 하기보다 전문가와 상담을 통해 자신 안에 내재된 거부, 비난, 분노, 고통과 같은 감정을 풀어내는 것이 필요하다.

사실 아무리 마음속을 달래도 우리는 피와 살을 가진 인간이기에 학대나 불륜과 같은 상처는 가슴 깊이 파고들어 끊임없이 되새김질하게 된다. 그런 상황에서 용서를 하기란 쉽지 않지만, 용서하지 않고 그대로 끝내는 것이 과연 더 나은 선택인지는 신중히 판단해야 한다. 그렇게 결혼 생활을 정리해도 그를 끝까지 용서하지 않으면 마음의 평정과 행복을 되찾기 어렵다.

이혼한 부부의 10퍼센트만이 그 후 행복한 생활을 하고 있다고 대답한 사실을 보면 어떤 점에서는 용서와 구원이 더 훌륭한 선택인 것 같다.

용서가 도저히 힘이 든다면 잊어버리는 것도 방법이다. 치명적인 문제는 잊는다는 그 자체가 불가능하다. 그렇지만 완전히 잊지 못해도 시간이 지나면 상처는 점차 기억 속에서 희미해지고 아주 특별한 계기가 있을 때만 떠오를 것이다. 그 경우에도 그것은 잠시 스쳐가는 생각에 지나지 않을 것이다. 또 시간이 흐를수록 당신의 기억은 긍정적이고 애정 깊은 사건으로 다시 채워져 상처보다는 좋은 일에 더 관심을 기울이게 될 것이다.

용서하는 마음

용서하는 마음을 가져라.

분노는 부정적인 것이고 독을 담고 있으며 자기 자신을 점점 소멸시켜 사라지게 한다. 먼저 용서해라.

먼저 활짝 웃으면서 손을 내밀어라.

그러면 모든 인류의 얼굴에 행복이 꽃피는 것을 볼 수 있다.

항상 먼저 용서해라. 남이 용서할 때까지 기다리지 마라. 용서함으로써 운명을 정복할 수 있고 인생을 설계해나가며 기적을 실천할 수 있다.

용서는 가장 고귀하며 가장 아름다운 사랑의 형태이다.

용서의 대가로 당신은 평화와 행복을 얻게 될 것이다.

여기 진정 용서할 수 있는 마음을 얻기 위한 계획이 있다.

일요일에는 당신 자신을 용서해라.

월요일에는 가족을 용서해라.

화요일에는 친구와 동료를 용서해라.

수요일에는 국가의 경제 기관을 용서해라.

목요일에는 국가의 문화 기관을 용서해라.

금요일에는 국가의 정치 기관을 용서해라.

토요일에는 다른 나라들을 용서해라.

오직 용감한 사람만이 용서할 줄 안다.

비겁한 사람은 절대 용서하지 못한다.

그것은 그의 본성이 아니기 때문이다.

O.K. 목장의 결투하기

01 서로 감정을 담아 이렇게 말한다. "당신은 나의 가장 소중한 친구이다."

02 진심을 담아 이렇게 이야기한다. "누가 옳은가보다 무엇이 옳은가가 더 중요하다."

03 혼자 생각해 본다. '해결되지 못한 갈등은 곪아서 사라지지 않고 오히려 더 커진다.'

04 문제를 해결하기 위해 뒤로 물러나 상대에게 고개를 숙이기로 결심한다. 그러면 적어도 뒤로 넘어질 염려는 없다.

05 50센티미터 정도 떨어져 앉아 손을 잡고 눈을 마주 본다.

06 비난하지 말고 원인을 바로잡도록 한다. 어느 쪽에 잘못이 있든 관계없이 먼저 말을 꺼낸다. 화해의 손길을 내미는 사람이 더 성숙한 것이다.

07 문제에 대해 논의한다. 천천히, 조용히 이야기한다.

08 문제 자체만을 이야기한다. 인신공격은 절대 하지 말고 사실만 말한다. "그런 멍청한 짓을…….", "이런 바보 같은……."이라는 말은 하지 말고 "내가 실망한 점은…….", "이 일에 대한 내 생각은……."이라고 말한다.

09 해결책과 타협점을 모색한다. 그렇지 못하면 의자를 돌리고 "내일 다시 싸우자."라고 한다.

10 즐거운 기분으로 잠자리에 든다. 침대에 들어가기 전에 꼭 화해해야 한다.

Courtship after Marriage

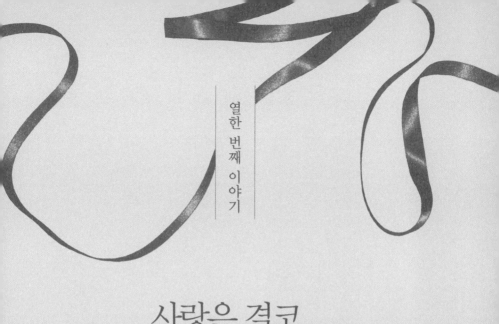

사랑은 결코
실패하지 않는다

사랑은 모두가 갈망하는 것이며, 사랑하고 사랑받는 것은 축복이다.
사랑의 가장 적절한 정의는 다른 사람의 목표와 안녕을 자신의 목표와
안녕만큼 생각하고 보살피는 것이리라.
남편이 병석에 있을 때 그를 살리기 위해 기꺼이 내 목숨을 내놓을 수 있다고 생각했다.
그때 사랑이 얼마나 깊을 수 있는지 알았다.
너무나 많은 사람이 사랑에 낭만과 달콤한 열매 찬란한 환희가 있을 거라 오해한다.

조이스 브라더스

2차 대전 당시, 해군 소속의 젊은 파일럿이던 나는
어느 금요일 저녁 한 사교 모임에 참석했다.
젊은 여성이 많이 모이고, 맛있는 음식이 가득하다는 말에 버스비를
투자해 3마일이나 떨어진 곳에 간 것이다.
그곳에서 그녀를 만났다.
밤 9시가 조금 넘은 시각에 그녀를 처음 보았다.
158센티미터의 아담한 키에 다갈색 머리카락을 어깨까지
늘어뜨린 한 여성이 주크박스 옆에 서 있었다.
그녀를 본 순간, 적어도 그날 밤에는 더 이상 다른 여자가
눈에 들어오지 않을 거란 사실을 직감했다.
"안녕하세요."
그녀에게 다가가 인사를 건네고 춤을 청했다.
춤을 춰야 하는 건 두려웠지만 매력적인 여성과 가까이 설 수 있다는
생각에 두려움이 가셨다.
그녀는 승낙했고 나는 흥분했다.
그러고 나서 우리는 다양한 소재로 이야기를 나누었다.
그녀와의 대화는 매우 즐거운 경험이었다.
그날 그녀를 데려다주고 집 앞에서 연락처를 물었다.
그렇게 우리의 만남이 시작되었다.

사람을 알아가는 일

그녀를 처음 본 순간 매료되었고 점점 빠져들었고, 그 시간 이후 우리의 관계가 더욱 발전하기를 진심으로 바랐지만 그녀를 사랑한다거나 혹은 그녀가 나를 사랑한다고 표현하지는 않았다. 그건 너무나 터무니없는 일이다. 호감을 가지기는 쉽지만 첫눈에 사랑에 빠지는 일은 영화에서나 가능하지 현실에서는 드물다. 사랑은 그렇게 쉽게 이루어지는 게 아니다.

만난 지 한 달이 지나 그녀를 사랑하는 게 아닌지 고민했고, 여섯 달이 지나 사랑임을 깨달았으며, 1년이 지나 비로소 사랑을 확신했다. 오랜 기간을 두고 깨달은 사랑의 감정이 평생 지속되리라 믿었고, 그녀에게 청혼했다.

앞서 말했듯 정신분석학자 로스 캠벨은 사람의 성격이 완전히 드러나는 데 2년이 걸린다고 했다. 그 사람을 알기 위해서는 그의 사회적·직업적 상황 및 가족과 친구 관계를 파악해야 하는데 이는 단순히 사실을 아는 것뿐 아니라 평소 행동을 통해 그 사람을 알아가는 것이다.

기분이 좋을 때 어떤 표정을 짓고, 화가 나면 어떻게 행동하는지, 어떨 때 눈물을 흘리고, 무엇에 기뻐하며 크게 웃고, 건강이 좋을 때는 얼마나 활기차고, 피곤할 때는 어떤 기색인지 아는 것이다. 또 관대한지 인색한지, 아이들이나 동물을 사랑하는지, 도덕적 가치관이 어떠한지 아는 것이다. 그의 가족이나 친구와 관계를 맺으며 그들을 통해 그가 어떤 사람인지, 그의 습관이나 관심은 무엇인지, 그를 둘러싸고 있는 배경은 어떠한지 등을 아는 것이다. 또 그럼으로써 내가 그 사람을 어떻게 느끼는지 객관적으로 평가할 수 있다. 그를 가족이나 친구에게 자랑스럽게 소개할 수 있는지, 많은 사람에게 그와의 관계를 떳떳이 밝힐 수 있는지, 그의 어떤 점이 나를 당황하게 하는지 알게 된다.

더 나아가 그 사람이 내 아이의 아버지 혹은 어머니가 된다면 그 역할을 잘 해낼 수 있을지 판단한다. 모든 걸 재고 따진 다음에 선택한 상대라도, 살다 보면 평생을 함께 살아가기 어려운 사람일 수 있다. 그렇지만, 2년의 시간은 단순한 호르몬 분비에 의한 끌림으로 단지 '감'을 믿고 선택하는 것보다는 훨씬 값진 정보를 줄 것이다.

성숙한 사랑과
미숙한 사랑

결혼하고 5년이 지날 무렵 나는 할 수 있는 최대한 아내를 사랑한다고 생각했다. 10년이 되었을 때, 15년이 되었을 때, 20년이 되었을 때도 같은 생각을 했다.

조이스 브라더스 박사는 이렇게 말한다.

"나는 사랑이 무르익을수록 더욱 기쁘고 마음이 따뜻하며 깊어진 다는 걸 알고 있다."

작가 에리히 프롬은 성숙한 사랑과 미숙한 사랑을 다음과 같이 비 교했다.

"'사랑을 받기 때문에 사랑한다'는 것은 유치한 원칙이다. 성숙한 사랑은 '사랑하기 때문에 사랑받는다'는 원칙을 따른다."

성숙한 사랑은 상대를 구원하려 들거나 모든 사람의 욕구를 충족시 키려 하지 않는다.

베아트리츠 뒤조반 박사는 이렇게 말했다.

"성숙한 사랑은 서로 상대가 자신의 전부이며, 그가 가치 있음을 아는 이들 사이에서 발전할 수 있다. 상대가 욕구를 채워주기만 기 대한다면 그 사랑은 불가능하다. '나를 진실로 사랑한다면 나 이외 에 다른 사람은 필요하지 않을 것이다'는 생각은 아기가 엄마와 일 체감을 가지려는 욕망을 표현하는 것과 닮아 있다. 한마디로, 미숙 한 사랑이다."

사랑의 다른 이름

우리는 사람을 사랑하고 애완동물을

사랑하며 특정 음식을 사랑한다. 이렇듯 사랑은 여러 의미로 사용된다.

J. 앨런 피터슨은 부부를 위한 성경 연구서 《둘이 한 몸이 될지니라》에서 사랑의 네 종류를 열거했다.

스테르고(stergo)

인간의 본성에 내재되어 있는 사랑. 부모가 자식에게 보여주는 무조건적인 사랑과 같으며, 희생적인 경우가 많다. 짧은 일화를 소개한다. 어미 닭이 새끼 병아리들과 함께 앞마당을 거닐고 있는데 갑자기 장대비가 쏟아졌다. 어미 닭은 재빨리 병아리들을 불러 모아 품에 꼭 안아 비를 막아주었다. 비는 멈출 기미를 보이지 않고 곧 우박이 되어 쏟아졌다. 어미 닭은 그 자리에서 꼼짝하지 않고 더 힘주어 병아리들을 단단히 안았다. 그러다 어미 닭은 그만 우박에 맞아 죽고 말았다.

에로스(eros)

육체적인 것으로, 감정에 의해 유발된다. 에로스는 성적 욕망과 연애 감정의 중심이다. 성경에서는 이 같은 사랑에 대한 긍정적인 부분을 많이 언급하고 있다. 누군가에게 시각적으로 이끌릴 때 에

로스가 시작된다. 기본적으로 외부 자극으로부터 온다.

필레오(phileo)

공통의 요소를 가지고 있다는 사실에 기초해 서로에게 매력을 느끼는 것을 말한다. 공통사는 인생에 대한 관점이나 생각의 유사성에 따른 기호나 흥미 등 다양하다.

아가페(agape)

이것을 피터슨은 '사랑받는 상대의 가치를 깨달음으로써 가슴으로부터 우러나오는 사랑'이라고 표현했다. 아가페는 대가를 바라지 않고 상대를 먼저 배려하는 사랑을 뜻한다.

"내가 사람의 방언과 천사의 말을 할지라도 사랑이 없으면 소리 나는 구리와 울리는 꽹과리가 되고, 내가 예언하는 능력이 있어 모든 비밀과 지식을 알고 또 산을 옮길 만한 믿음이 있을지라도 사랑이 없으면 아무것도 아니오. 내가 내게 있는 모든 것으로 구제하고 또 내 몸을 불사르게 내줄지라도 사랑이 없으면 아무 유익이 없느니라. (고린도전서 13장 1~3)"

"사랑은 오래 참고, 사랑은 온유하며, 투기하지 아니하며, 사랑은 자랑하지 아니하며, 교만하지 아니하며, 무례히 행치 아니하며, 자기의 유익을 구하지 아니하며, 성내지 아니하며, 악한 것을 생각하지 아니하며, 불의를 기뻐하지 아니하며, 진리와 함께 기뻐하고, 모든 것을 참으며, 모든 것을 믿으며, 모든 것을 바라고, 모든 것을 견디느니라. 사랑은 언제까지나 실패하지 아니하리라. (고린도전서 13장 4~8)"

하루를 마감할 때 이런 질문을 해 보아라.

"내가 오늘 배우자에게 인내심을 보였나? 내가 오늘 배우자에게 온유했나? 나는 오늘 배우자를 시기하지 않았나? 나는 오늘 배우자의 감정과는 상관없이 내가 한 일을 교만하며 자랑하지 않았나?"

사랑은 결혼을 위한 기초가 아니라 결혼이야말로 사랑을 위한 기초이다. 사랑받는 것은 이 세상에서 두 번째로 멋진 일이다. 가장 멋진 일은 사랑하는 일이다.

그 어느 때보다
좋아진다

"나는 언제나 그녀의 존재를 예민하게 느끼고 있다. 많은 사람들 틈에서 예기치 않게 그녀와 마주칠 때면 마음 깊은 곳에서 작은 울림이 퍼져 나와 온몸 가득 기쁨이 몰아친다.

일을 마치고 집에 돌아가는 길이면 나는 언제나 그녀를 생각하고 그 사실을 자각할 때마다 자동차의 속도판을 들여다본다. 그녀를 어서 만나고 싶어 나도 모르게 과속을 하지 않았는지 점검하는 것이다.

초인종을 누르고 대문 앞에 서서 통통통 바닥을 울리는 그녀의 발소리를 들을 때 나는 지금보다 훨씬 아름다울 우리의 황혼녘을 그린다. 다정히 손을 맞잡고 걸어가는 노부부의 뒷모습 그리고 그들의 마지막이 행복하리라는 것을."

찰리 셰드의 글이다. 그가 이 글을 작성한 때는 결혼한 지 26년이 되던 해이다. 수십 년이 지나 이 내용은 완전히 들어맞았다. 그가 그리던 것처럼 두 사람의 결혼 생활은 점점 더 행복했고, 사랑은 더욱 커져 갔다. 그리고 결혼한 지 50년이 지날 무렵 아내는 사랑하는 남편의 품에서 숨을 거두었다. 50년을 이어온 사랑의 결말은 아름다웠다. 그들은 천국에서 다시 만나 사랑을 시작했을까. 만약 그렇다면 그보다 황홀한 일은 없을 것이다.

나도 그와 비슷한 경험이 있다. 5년 전 앨칸소의 리틀록에 연설을 갔다가 예정보다 일이 일찍 끝나 출국을 앞당기기로 했다. 공항에 도착해 가장 빠른 항공편을 찾았지만 예약 대기밖에 되지 않아 비행기를 탈 수 있을지 없을지 알 수 없는 상황이었다. 그러다 간신히 비행기에 올랐는데 그 순간 가슴이 벅차오르고, 아내가 놀랄 모습을 생각하니 몹시 흥분되었다.

공항에 도착해 주차해놓은 차를 몰고 집으로 향하면서도 나는 무척 들떠 있었다. 그러다 자동차 속도계를 보았는데 무려 130킬로미터를 밟고 있었다. 더구나 나는 그 속도로 달리고 있다고 자각하지 못했다. 내게는 무척 놀라운 경험이자, 떠올릴 때마다 기분 좋은 웃음이 터지는 유쾌한 사건이다.

함께 늙어가는 일, 죽는 그날까지 서로에 대한 사랑을 키워나가는 일은 결코 흔하지 않을 것이다. 그렇지만, 나는 흔하면 흔하다고 말하고 싶다.

사랑하는 방법을
배운다

때로 어떤 사람은 사랑하는 방법을 알지 못해 사랑에 실패한다. 분명 사랑은 학습하는 것이지만 그것은 자전거 타기나 수학 공식을 외우는 것과는 다르다. 사랑은, 천천히 자연스럽게 익히는 것이다. 구체적인 제안 몇 가지를 덧붙이겠다.

- '즐거운 시간'을 특별한 경우에 한정짓지 마라. 매일, 매시간 그

런 시간을 가져라. 사랑하는 사람에게 이렇게 말하라. "우리가
함께 있기에 이 시간이 즐겁다."

- 둘이 같이 즐기고, 함께 하면 더욱 즐거운 일을 찾아보아라. 특별한 일이 아니어도 좋다. 굳이 서로의 시간을 쪼개야 하는 일이 아니라 정기적으로, 부담 없이 시간을 낼 수 있는 일이어야 한다. 이를테면 설거지나 빨래, 산책, 아침 운동, 세차 등 사소한 일을 함께 해라.

사람이 사랑에 빠지면 어떤 일이 생길까? 그 효과와 결과는 무엇일까? 존 드렉슬러는 이렇게 말했다.

"서로 사랑하면 서로를 사랑스럽게 만든다. 서로 존중하면 서로를 존중할 만한 인물로 만든다. 서로 존경하면 서로를 존경할만한 사람으로 만든다."

C. 닐 스트레이트는 말했다.

"사랑의 묘약은 너무나 강력해 그것을 쓰면 인생이 더욱 굳건해지고 삶의 질이 향상된다."

고민 상담 칼럼니스트인 앤 랜더스는 말했다.

"사랑은 위로 올라가는 것이며, 위를 쳐다보게 만들고, 고차원적인

생각을 하게 만들며, 이전보다 훨씬 나은 사람으로 만드는 것이다."

윌리엄 아서 워드는 말했다.

"사랑은 인생에 목적과 의미, 방향을 준다. 사랑은 인생에 기쁨과 향기, 웃음, 재미, 아름다움을 제공한다. 사랑은 우리가 희생하고 베풀며 봉사하고 노래할 수 있게 한다. 궁극적으로 사랑은 결혼을 유지시킨다."

《가족》이라는 책을 저술한 켄 드럭 박사는 말했다.

"나는 15년간 여러 부부를 상담해왔다. 그래서 가장 행복하고 굳건한 결혼은 부부가 서로에게 연인이고 친구이자 인생을 살아가는 동반자인 경우임을 알게 되었다."

균형 잡힌 결혼은 두 사람이 서로를 당연한 존재로 여기지 않는 법을 알고 있는 경우였다. 그런 결혼이야말로 성공적인 것이다.

거짓이 아닌
진정한 사랑

거짓 사랑과 진정한 사랑을 구별하는 건 쉬운 일이 아니다. 사랑을 교육하는 곳이 없고, 간접적으로 배운다 해도 왜곡된 경우가 많기 때문이다.

사람들은 영화나 텔레비전을 통해 '진짜'같은 사랑을 보게 된다. 남자와 여자가 만나 '의미 있는' 관계를 만들고 침대로 향한다. 그리고 곧 그들은 사랑을 선언한다. 이러한 모습이 진정한 사랑으로 비추어지기도 하지만 그건 사랑이라기보다 매혹이며 앤 랜더스는 '순간적인 욕망'이라 말한다. 매혹은 호르몬에 의한 끌림에 지나지 않는다. 반면 사랑은 타오르는 우정이며 언젠가는 뿌리를 가지고 성장할 수 있는 생명체이다.

C. 닐 스트레이트의 표현에 의하면, 사랑은 '심장이 할 수 있는 가장 훌륭한 운동이자 인생의 모든 부분을 더 좋아지게 만드는 운동'이다.

찰리 셰드는 이런 글을 남겼다.

"아내와 나는 날마다 서로 간단한 칭찬을 한다. 그게 엄청난 일은 아니지만 오랜 세월 반복해서 더해지면 거대한 모습을 갖출 것이다."

그 어느 때보다
아름답다

　　　　　　　　나는 여러 사람들에게 아내가 결혼식 날보다 현재의 모습이 가장 아름답다고 말하곤 한다. 사실 그 말은 나를 어색하게 만든다. 아마 그 말을 들은 사람 역시 분명 어색했을 것이다.

어색한 이유는 그 말의 비현실성 때문이다. 원숙한 60대의 할머니가 열여덟의 신부보다 아름답다는 말은 믿기 힘들다. 그렇지만 내 마음속에서 그 말은 언제나 진실이다.

내가 보는 아내의 모습은 언제나 완벽한 존재이기에 그녀는 현재의 모습이 가장 아름답다. 그렇게 그녀를 바라볼 수 있음에 황홀하다.

사랑, 진정한사랑은 아름다운 경험이다. 정녕 그것을 위해 노력하고 기다리고 기도할 가치가 있다.

하루를 마감하며 당신을 생각한다

- 오늘 난 배우자에게 사랑한다는 말을 했나?
- 오늘 난 배우자에게 사랑이 담긴 행동을 했나?
- 오늘 난 배우자에게 인내심을 보였나?
- 오늘 난 배우자에게 친절히 대했나?
- 오늘 난 배우자를 시기하거나 샘내지 않았나?
- 오늘 난 배우자에게 교만하거나 자만하지 않았나?
- 오늘 난 배우자에게 이기적이거나 무례하지 않았나?
- 오늘 난 배우자에게 내 방식만을 고집하지 않았나?
- 오늘 난 배우자에게 흥분하거나 과민하게 반응하지 않았나?
- 오늘 난 배우자를 미워하지 않았나?
- 오늘 난 배우자에게 진정 충실했나?
- 오늘 난 나의 배우자와 함께 기뻐했나?
- 오늘 난 나의 배우자가 나에게 최고라는 것을 믿고 기대했나?
- 오늘 난 나의 배우자를 위해 힘을 최대한 발휘했나?
- 오늘 난 나의 배우자에 대한 신의를 지켰나?
- 오늘 난 나의 배우자에게서 소망을 찾았나?
- 오늘 난 나의 배우자를 사랑했나?
- 가장 위대한 힘이 사랑임을 알고 있나?

Courtship after Marriage

사랑은 구운 고구마

자신이 행복해지기 위함이 아니라
다른 이를 행복하게 하기 위해 결혼하는 것이다.

로이 L. 스미스

"무엇이든 나누어 가져라. 정정당당하게 행동해라.

남을 때리지 마라. 물건은 항상 제자리에 놓아라.

어지럽힌 것을 깨끗이 치워라. 남의 물건에 손대지 마라.

남의 마음을 상하게 했을 때는 미안하다고 말해라.

음식을 먹기 전에 손을 씻어라.

화장실을 쓴 다음에는 물을 내려라……."

로버트 풀검 《내가 정말 알아야 할 모든 것은 유치원에서 배웠다》

식상한 뻔한 말을 늘어놓은 것에 불과할지 아니면

가장 기초가 되는, 그러기에 꼭 지켜야 하는 거라 여길지는

당신이 어떻게 생각하느냐에 달려 있다.

결혼 생활을 보다 낫게 만들 수 있는 가장 기초적인 방법을 생각해 보아라.

거창하게 억지로 포장하지 말고 일상적인 사소한 예절 같은 것 이를테면

별일 아니지만 평소 신경 쓰인 걸 살펴보아라.

생각이 정리되면 그것을 종이에 옮겨 적고 집 안 곳곳

눈에 잘 띄는 곳에 붙여두어라.

자주 들여다보고 머릿속으로 되새김질하면 남편 혹은 아내를 대하는

태도가 보다 부드러워진 자신과 만날 수 있을 것이다.

성공적인 결혼 생활을
위한 3가지 제안

어느 일요일, 아침 뉴스에서 도리스 스완과 헤롤드 Y. 스미스의 50년간의 참사랑 이야기가 소개되었다.

도리스는 헤롤드를 보자마자 어린 시절부터 꿈꿔온 인생의 동반자가 될 특별한 사람이란 걸 알아차렸다.

헤롤드는 친구가 약혼반지를 사러 가는 길에 동행했다가 보석상에게서 격려의 말을 듣고 도리스에게 줄 반지를 구입했다. 그리고 이 젊은 커플은 곧 약혼을 하고 그해 11월 몹시도 추웠던 금요일에 사랑의 도피를 감행해 텍사스 주 클레번의 치안판사 앞에서 결혼을 했다.

젊은 부부를 알고 있던 사람들은 그들의 결혼 생활이 50년은 고사하고 그해 겨울조차 넘기기 어려울 거라 추측했다. 그러나 그 부부는 3명의 자녀를 낳아 키우고, 11명의 손자를 보고 오래오래 행복하게 살았다.

그 남편은 자신의 결혼 생활을 이렇게 회상했다.

"지난 50년간 사랑하는 사람과 꿈길을 걷는 듯했어요."

아내 또한 이렇게 말했다.

"행복한 결혼은 그냥 만들어지지 않아요. 성공적인 결혼 생활을 위해서는 노력이 필요하답니다."

그 부부는 다음의 규칙을 잘 따랐기에 성공적인 결혼 생활을 할 수 있었다.

- 삶은 상황이 아니라 선택에 따라 결정되었음을 명심한다.
- 하루하루를 충실히 산다. 그렇게 하면 결코 내일을 두려워하거나 어제를 부끄러워하지 않을 것이다.

기쁨은 결코
멈추지 않는다

어느 여름날, 아내가 며칠 집을 비우게 되었다. 혼자 처량해진 나는 손녀딸에게 전화를 걸어 하루를 같이 보내자고 제안했다. 아이는 몹시 기뻐하며 초대에 응했다.

우리는 산책을 하고 아이스크림을 사가지고 집에 돌아와 수다를 떨었다. 즐거운 시간을 보내고 밤이 되어 아이는 잠이 들었다. 손녀의 뺨에 뽀뽀를 하고 머리를 넘겨

주다 문득 아내와 헤어졌더라면 이토록 예쁜 아이를 보지 못했을 것이고, 이토록 멋진 현재가 존재하지 않을 것이며 그로 인해 삶이 불행해졌으리라는 생각을 하게 되었다.

이혼한 사람 가운데 양육권을 넘긴 이들은 정기적으로 자녀를 만난다 해도 정상적인 가정에서 누리는 많은 기쁨을 맛보지 못할 것이다. 매년 휴가, 크리스마스, 새해, 생일, 결혼기념일, 밸런타인데이와 아이의 졸업식에 참석하거나 주말에 야구 경기를 보러 가거나 박물관이나 동물원 등을 가는 일을 예전처럼 쉽게 계획할 수 없을 것이다.

때로 아예 함께 하지 못하는 경우도 있다. 아이가 그 전과는 다른 새로운 환경 즉 새아빠, 새엄마, 새로운 가족과 친척을 맞게 되면 더욱 만나기가 힘들어진다.

결혼 생활은 부부간의 애정으로 행복을 느끼고 자녀를 키우면서 보람을 가지고 또 그 자녀가 결혼해 손자가 탄생하면서 기쁨이 나날이 커진다. 가정을 이루고 유지하면 기쁨은 결코 멈추지 않는다.

사랑은 구운 고구마

주먹만 한 크기의 고구마를 준비한다. 오븐에 구워 반으로 가른 뒤 버터를 듬뿍 바른다. 먹기 전에는 찬물로 입을 헹궈 미각이 살아나게 한다. 드디어 고구마를 입에 한입 물고 눈을 감으면 그 맛의 황홀경에 푹 빠져든다.

나는 구운 고구마를 좋아한다. 아내는 고구마를 좋아하지도 그렇다고 싫어하지도 않는다. 하지만 만약 좋은지 싫은지 꼭 골라야 한다면 아마 싫다고 답할 것이다.

그런데 종종 집 현관에 들어설 때 구운 고구마의 달콤한 냄새가 나를 사로잡는다. 그 냄새는 오븐에서 흘러나와 부엌을 거쳐 거실을 맴돌고 현관 앞에서 나를 반긴다.

그때 아내가 오늘 하루 나를 생각했음을 알게 된다. 고구마를 집어 들 때, 집에 돌아와 고구마를 씻을 때, 오븐 속에 넣을 때 오직 나를 생각하며 나를 위해 그렇게 했을 것이다. 나를 사랑하기 때문에 고구마를 준비한 것이다.

사소하지만 그에 담긴 아내의 사랑을 알기에 나는 참사랑을 구운 고구마라 표현하고 싶다.

진정한 사랑은 단지 그를 기쁘게 만들고 싶다는 이유로 행하는 사소한 일일 것이다. 그렇게 행동함으로써 아무 사심 없이 "당신을 사랑해요."라고 말하는 것이다.

"다른 사람이 원하는 것을 얻을 수 있도록 도와주어라. 그러면 당신은 인생에서 원하는 모든 것을 얻을 수 있다."

결혼의 원칙을 잘 표현한 말이다. 사랑하는 부부가 서로를 위해 매일 사소한 일을 하나씩 하다 보면 그 일은 수백 가지가 되어 안정되고 사랑이 넘치는 결혼 생활을 이루도록 할 것이다.

참사랑 체크리스트

01. 배우자를 어떻게 만나게 되었나?

02. 처음 배우자에게 가장 끌린 점은 무엇인가?

03. 결혼하기 전 구애 기간은 얼마나 되었는가?

04. 구애 과정은 천천히 진행되었는가?

05. 처음에는 단순한 친구로 시작했는가?

06. 어릴 때부터 친구로 함께 자랐는가?

07. 처음에는 단순히 아는 사이였나?

08. 결혼 전의 관계는 어느 정도 친밀했는가?

- 육체적으로

- 정신적으로

- 영적으로

09. 신부의 부모가 결혼을 승낙했는가?

10. 신랑의 부모가 결혼을 승낙했는가?

11. 결혼식은 조촐했는가 아니면 성대하게 거행되었는가?

12. 배우자와 결혼한 가장 큰 이유는 무엇인가?

13. 결혼해서 가장 좋았던 점, 현재 가장 좋은 점은?

14. 결혼해서 가장 어려웠던 점, 현재 가장 어려운 점은?

15. 결혼 생활에서 신체적 · 정신적으로 학대나 폭력이 있었는가?

16. 만약 그렇다면 한 번으로 끝났는가 아니면 계속되고 있는가?

17. 종교를 갖고 있는가? 그렇다면 어떤 종교인가?

18. 배우자와 종교가 같은가? 그렇지 않다면 어떻게 다른가?

19. 종교 생활이 결혼 생활에 도움을 주는가?

20. 종교 생활이 결혼 생활에 문제를 일으키는가?

21. 두 사람이 함께 교회에 정기적으로 나가는가?

22. 자녀가 있는가? 있다면 몇 명인가?

23. 아이들은 결혼 생활에 어떤 영향을 미치는가? 문제를 일으키는가 아니면 두 사람을 한 가족으로 더 가깝게 만드는가?

24. 두 사람 중 흡연자가 있는가?

25. 금주를 하는가, 적당히 마시는가? 술로 문제가 생기는가?

   • 남편

   • 아내

26. 술이 결혼 생활에 문제를 일으키는가?

27. 금지된 약물을 사용한 적이 있는가? 있다면 아직도 사용하는가? 그것이 과거나 현재 부부 관계에 문제가 되었는가?

   • 남편

   • 아내

28. 별거 경험이 있는가? 그렇다면 당시 상황은 어떠했고 기간은 얼마나 되었는가?

29. 시집이나 처가가 결혼에 어떠한 영향을 미치는가? 일종의 자산인가 혹은 빚인가?

30. 시집이나 처가 식구와 얼마나 자주 시간을 보내는가?

31. 결혼 생활 중 어느 한쪽의 여행으로 떨어져 지낸 기간은 얼마나 되는가?

32. 부부가 맞벌이를 하고 있는가 아니면 한 사람만 일하는가?

33. 파트타임으로 일한 적이 있는가?

34. 당신과 배우자는 어떤 점에서 비슷한가?

35. 당신과 배우자는 어떤 점에서 다른가?

36. 결혼할 때, 배우자를 변화시킬 수 있다고 생각했는가?

37. 가정경제에서 누가 주도권을 잡고 있는가?

38. 가정에서 누가 생활비를 관리하는가?

39. 결혼 당시 남편의 나이는?

40. 결혼 당시 아내의 나이는?

41. 한 사람 혹은 둘 다 이혼을 심각히 고려한 적이 있는가?

42. 결혼 후 가장 힘들었던 해는 언제이고 그해는 어떤 상황이었는가?

43. 결혼 생활에 직면한 특별한 위기와 그에 대한 대처법은?

44. 부모님은 어떤 관계였는가, 당신과 부모님의 관계는?

   • 남편

   • 아내

45. 가정에서 정신적인 지도자는 누구인가?

46. 자녀에 대해 당신과 배우자가 어떻다고 생각하는가?

	남편	아내
• 엄격하다		
• 보통이다		
• 관대하다		

47. 결혼 생활에서 로맨스를 유지하기 위해 무엇을 했는가?

48. 배우자가 당신을 위해 하는 일 중에서 당신이 감사해하고 사랑하게 만드는 일 다섯 가지는 무엇인가?

49. '저녁은 남편, 아내, 자녀가 함께 해야 한다'는 식의 특별한 식사 규칙이 있는가?

50. 당신이 배우자와 함께 하면서 가장 즐기는 일 다섯 가지는 무엇인가?

51. 생일이나 기념일 등 특별한 날에 카드나 선물, 외식 아니면 다른 이벤트로 축하를 하는가? 그렇다면 어떻게 하는가?

52. 당신은 특별한 날이 아닐 때도 단지 배우자를 사랑하기 때문에 깜짝 선물 같은 것을 하는가?

53. 1에서 10점까지의 숫자로 다음 특성에 배우자의 점수를 매겨라. (1은 낮고 10으로 갈수록 그 정도가 높아짐)

•친절함 •사려 깊음 •유머 감각 •격려 •잘 도와줌 •협동 정신 •신중함 •열정적 •점잖음 •좋은 청중 •강한 정신력 •공감 •긍정적 •좋은 대화 상대 •유쾌함 •인내심 •이해심 •훌륭한 조력자 •이타심 •낭만적 •인정이 있음 •관심이 많음

54. 1에서 10점까지의 숫자대로 다음의 특성에 자신의 점수를 매겨라. (1은 낮고 10으로 갈수록 그 정도가 높아짐)

•친절함 •사려 깊음 •유머 감각 •격려 •잘 도와줌 •협동 정신 •신중함 •열정적 •점잖음 •좋은 청중 •강한 정신력 •공감 •긍정적 •좋은 대화 상대 •유쾌함 •인내심 •이해심 •훌륭한 조력자 •이타심 •낭만적 •인정이 있음 •관심이 많음

55. 배우자와 자주 손을 잡는가?

56. 배우자와 자주 포옹을 하는가?

57. 배우자에게 사랑한다는 말을 자주 하는가?

58. 배우자에게서 가장 바꾸고 싶은 점은 무엇인가?

59. 돈이 결혼 생활에서 문제가 되는가?

60. 결혼 생활은 동반자적 관계인가 아니면 한쪽이 일방적으로 따르는가?

61. 배우자에 대한 분노를 표현할 수 있는 자유가 있는가?

62. 배우자가 화나게 할 때 자신의 기분을 이야기하는가?

63. 배우자를 있는 그대로 받아들이려고 노력하는가?

64. 배우자가 당신을 있는 그대로 받아들이려고 노력한다고 생각하는가 아니면 당신과 대화할 때 "그래야 한다." 또는 "그래서는 안 된다."라는 말을 자주 사용하는가?

65. 당신은 결혼을 일생의 서약으로 생각하는가? 배우자의 생각은 어떠한가?

66. 오늘 결혼이라는 바다를 향해 첫 출항하는 젊은 부부에게 해주고 싶은 조언이나 제안이 있는가?

연애하는 부부

초판 1쇄 인쇄 2019년 4월 25일
초판 1쇄 발행 2019년 4월 30일

지은이　지그 지글러
옮긴이　조동춘
펴낸이　한익수
펴낸곳　도서출판 큰나무
등록　1993년 11월 30일(제5-396호)
주소　(10424)경기도 고양시 일산동구 호수로430길 13-4
전화　031 903 1845
팩스　031 903 1854
이메일　btreepub@naver.com
블로그　blog.naver.com/btreepub

값 14,800원
ISBN 978-89-7891-319-5 (03190)

잘못 만들어진 책은 구입하신 서점에서 교환해 드립니다.

이 도서의 국립중앙도서관 출판예정도서목록(CIP)은 서지정보유통지원시스템 홈페이지 (http://seoji.nl.go.kr)와국가자료공동목록시스템(http://www.nl.go.kr/kolisnet)에서 이용하실 수 있습니다. (CIP제어번호 : CIP2019014874)